企業の
グローバル化と
国際比較経営

国際ビジネス入門　丹野 勲

泉文堂

は じ め に

　本書は，国際経営学と経営学の最新知識がともに平易に学べることを目標とした，まったく新しい形の「グローバル経営」のテキストである。

　近年のロボット，人工知能（AI：Artificial Intelligence），メタバース（仮想現実空間：Metaverse），ビックデータ，情報技術などの急速な発展を「第4次産業革命」と捉える考え方もある。すなわち，第1次産業革命が，蒸気機関の発明と発展，第2次産業革命が，電気，内燃機関の発明と発展，第3次産業革命が，コンピューター，情報，インターネットの発明と発展，第4次産業革命が，ロボット，人工知能（AI），メタバース，ビックデータ，情報技術などのグローバルでの急速な発展であると捉える考え方である。現在は，人類の歴史の中で新しい産業革命に匹敵する，大変革期であることは明らかである。

　このような背景もあり，日本企業の経営では，日本国内のみに目を向けた経営は成り立たなくなっている。これからの日本企業は，大企業，中小企業を問わず，グローバルな視点での経営が不可欠である。日本企業は，海外投資，貿易，取引，戦略提携，外国人株主，外国人従業員などで，海外との関係がますます重要となってきている。さらに，日本製鉄によるUSスチールの買収劇や欧米企業による日本企業の買収などに代表されるように，日本企業において国際経営に絡む経営行動が増加している。その意味で，国際経営を学ぶためには経営学の基礎的な知識が，その逆に，日本企業の経営を学ぶ際に国際経営の知識が，必要なのである。

　このようなわけで，著者はつねづね国際経営学と経営学を融合する必要性を強く感じていた。著者は，大学で長年，国際経営論と経営学総論とを講義しており，2つをともに学べるユニークなテキストを執筆したいと考えていた。

　国際経営学や経営学のテキストが多く出版されているにもかかわらず，著者が本書を執筆したのは以上のような理由からである。

　著者は，主にアジアやアングロサクソン諸国を対象とした多くの調査研究活

動を，長年，おこなってきた。本書は，そのアジア，欧米での多国籍企業や現地企業を対象とした著者の実証研究にもとづいて執筆された。

本書の特徴として以下がある。

第1に，大学の「グローバル経営論」や「国際経営論」，「比較経営論」，「経営学」のテキストとして書かれたものであるが，日本や世界の経営に関する最新の話題，新聞・マスコミ・ネットの話題を含む，最新の知識，テーマについても記述している。経済新聞や高度な専門書を読めるようなグローバル経営の知識の提供をめざした。

第2に，就職，各種資格試験にも役立つテキストを目標にした。民間企業や公務員（地方上級，国家一般種，国税専門官等の経営学）の就職試験・面接試験，資格試験（公認会計士，中小企業診断士，経営学検定等），大学院（MBA）入試，大学の試験などに頻出する重要な内容・用語について詳しく，わかりやすく説明した。また，一般のビジネスマンが読んでも有益な知識が得られるような内容にした。

第3に，内容は高度で，文章は平易を目標とした。また，具体的なケースもできるだけ加えて，読者の理解が得られるようにした。

第4に，国際比較経営の視点を重視したことである。本書では，アメリカ，ヨーロッパ，アジア，オセアニア諸国と比較した日本企業の経営について，国際比較の視点から考察した。

本書では，国際経営学と経営学の基礎を解説している。これだけは知ってほしいと考えている国際経営学と経営学の知識を平易に説明した。

最後に，著者を経営学への道に導いてくださった恩師の故高柳暁先生（筑波大学名誉教授），衣笠洋輔先生（横浜市立大学・神奈川大学名誉教授）をはじめとする多くの諸先生に感謝の意を表したい。

泉文堂編集部の佐藤光彦氏には，丁寧な編集をしていただき，大変なご苦労をおかけしたことに，深くお礼を申し上げたい。

2025年2月28日　丹野　勲

目　　次

はじめに

第1章　企業のグローバル化と国際比較経営
1－1　企業の国際化・グローバル化 …………………………… 1
1－2　貿　　　易 …………………………………………… 3
　1－2－1　輸出と輸入 …… 3
　1－2－2　国際移転価格 …… 4
　1－2－3　外国為替と企業の国際化 …… 5
　1－2－4　外国為替の円高円安と貿易，直接投資 …… 5
　1－2－5　貿易と商社 …… 6
1－3　国際比較経営 ………………………………………… 7
　1－3－1　企業経営における国際比較の視点 …… 7
　1－3－2　人的資源，制度，戦略，生産管理などの比較 …… 8
　1－3－3　国際比較経営の目指すもの
　　　　　　──普遍的な理論構築と個別の経営環境 …… 9

第2章　グローバル化時代の現代企業
2－1　企業，会社とは何か ………………………………… 11
2－2　個 人 企 業 …………………………………………… 13
2－3　会　　　社 …………………………………………… 13
　2－3－1　合名会社 …… 14
　2－3－2　合資会社 …… 15
　2－3－3　株式会社 …… 16
　2－3－4　有限会社（特例有限会社）…… 16
　2－3－5　合同会社 …… 17

2-4　会社の分類 …………………………………………………… 17
　2-4-1　公開会社と非公開会社 …… 17
　2-4-2　三大会社と小会社，中小企業，ベンチャー企業 …… 18
　2-4-3　親会社と子会社 …… 18
　2-4-4　内国会社と外国会社 …… 19
2-5　その他の共同企業 ……………………………………………… 19
　2-5-1　民法上の組合 …… 19
　2-5-2　匿名組合 …… 20
　2-5-3　有限責任事業組合 …… 20
　2-5-4　投資事業有限責任組合 …… 20
2-6　協同組合 ………………………………………………………… 20
2-7　公企業 …………………………………………………………… 21
　2-7-1　公企業とは何か …… 21
　2-7-2　日本の公企業 …… 22
2-8　NPO法人 ………………………………………………………… 23

第3章　グローバルなトップマネジメントと
　　　　　コーポレートガバナンス論

3-1　トップマネジメントと所有構造 ……………………………… 25
　3-1-1　アメリカのトップマネジメントと所有構造 …… 26
　3-1-2　ドイツのトップマネジメントと所有構造 …… 28
　3-1-3　日本のトップマネジメントと所有構造 …… 29
3-2　会社の機関 ……………………………………………………… 31
　3-2-1　株主総会 …… 32
　3-2-2　取締役，取締役会 …… 33
　3-2-3　監査役，監査役会 …… 34
　3-2-4　委員会設置会社（3委員会），執行役設置会社 …… 34
3-3　所有と経営の分離と経営者支配 ……………………………… 35

目　次

- 3－4　コーポレートガバナンス …………………………………………… 36
  - 3－4－1　コーポレートガバナンスとは何か …… 36
  - 3－4－2　会社は株主のものである──株主主権論 …… 36
  - 3－4－3　会社は従業員のものである──従業員主権論 …… 37
  - 3－4－4　株主主権論と従業員主権論 …… 37

第4章　グローバルな株式と資金調達
- 4－1　株式とは何か ………………………………………………………… 39
  - 4－1－1　株　式　と　は …… 39
  - 4－1－2　1株1議決権の原則 …… 40
  - 4－1－3　議決権制限株式 …… 40
  - 4－1－4　優先株と劣後株 …… 41
- 4－2　株式の発行 …………………………………………………………… 41
  - 4－2－1　新株の発行 …… 41
  - 4－2－2　株主割当てによる新株発行 …… 41
  - 4－2－3　第三者割当てによる新株発行 …… 41
  - 4－2－4　公募による新株発行 …… 42
  - 4－2－5　新株予約権による株式の発行 …… 42
  - 4－2－6　自己株式の取得 …… 43
- 4－3　株式の上場と証券市場 ……………………………………………… 43
  - 4－3－1　株式の上場 …… 43
  - 4－3－2　上場のメリット …… 44
  - 4－3－3　上場のデメリット …… 44
  - 4－3－4　日本の株式市場 …… 45
- 4－4　株式の公開買付け …………………………………………………… 45
- 4－5　社　　　債 …………………………………………………………… 46
  - 4－5－1　社債とは何か …… 46
  - 4－5－2　無担保社債と担保付社債 …… 47

4－5－3　普通社債と新株予約権付社債 …… 47
　　4－5－4　内国債と外国債 …… 47
　4－6　資金調達 …………………………………………… 48
　　4－6－1　自己資本と他人資本 …… 48
　　4－6－2　直接金融と間接金融 …… 48

第5章　グローバルな経営戦略

　5－1　基本経営戦略 ……………………………………… 51
　　5－1－1　市場浸透戦略 …… 52
　　5－1－2　市場開発戦略 …… 53
　　5－1－3　製品開発戦略 …… 54
　　5－1－4　多角化戦略 …… 54
　5－2　プロダクト・ポートフォリオ・マネジメント（PPM）… 55
　　5－2－1　PPMとは何か …… 55
　　5－2－2　PPMの戦略 …… 56
　　5－2－3　PPMの評価と問題点 …… 57
　5－3　ポーターの競争戦略 ……………………………… 58
　5－4　資源ベースの経営戦略論 ………………………… 60
　　5－4－1　コア・コンピタンス …… 60
　　5－4－2　資源ベースの理論 …… 61
　　5－4－3　経営資源とは何か …… 61
　　5－4－4　資源のストック …… 62
　5－5　企業文化戦略とドメイン（事業領域）………… 64
　　5－5－1　企業文化とは何か …… 64
　　5－5－2　価値理念，経営理念，パーパス …… 64
　　5－5－3　ドメイン（企業の事業領域）…… 65
　　5－5－4　トップ・マネジメントのリーダーシップ …… 65
　　5－5－5　儀式，運動，コーポレート・アイデンティティー …… 66

第6章　グローバルな多角化戦略と垂直的統合戦略

- 6－1　経営多角化戦略 ……………………………………………… 69
  - 6－1－1　経営多角化とは何か …… 69
  - 6－1－2　水平的多角化戦略 …… 70
  - 6－1－3　マーケティング関連多角化戦略 …… 70
  - 6－1－4　技術関連多角化戦略 …… 70
  - 6－1－5　コングロマリット的多角化戦略 …… 71
  - 6－1－6　多角化の動機 …… 71
- 6－2　垂直的統合戦略 ……………………………………………… 73
  - 6－2－1　垂直的統合戦略とは何か …… 73
  - 6－2－2　垂直的統合戦略の理由，動機 …… 74
  - 6－2－3　垂直的統合戦略の問題点 …… 75
- 6－3　日本企業の準内部組織 ……………………………………… 76
  - 6－3－1　準内部組織とは何か …… 76
  - 6－3－2　日本とアメリカとの比較 …… 77

第7章　海外直接投資戦略

- 7－1　直接投資と間接投資 ………………………………………… 79
  - 7－1－1　多国籍企業 …… 79
  - 7－1－2　海外直接投資とは何か …… 80
  - 7－1－3　間接投資とは何か …… 80
- 7－2　完全所有子会社と合弁会社 ………………………………… 81
  - 7－2－1　完全所有子会社形態 …… 81
  - 7－2－2　合弁会社形態 …… 81
- 7－3　海外直接投資の性格・目的 ………………………………… 83
  - 7－3－1　現地市場型の海外直接投資 …… 83
  - 7－3－2　輸出型の海外直接投資 …… 84
  - 7－3－3　部品・工程分業型の海外直接投資 …… 84

7－3－4　製品分業型の海外直接投資 …… 84
　　　7－3－5　資源開発型の海外直接投資 …… 85
　　　7－3－6　販売拠点型の直接投資 …… 85
　　　7－3－7　R&D（研究・開発）型の直接投資 …… 86

第8章　グローバルなM&Aと戦略提携
　　8－1　M&A戦略 …………………………………………… 87
　　　8－1－1　M&Aとは何か …… 87
　　　8－1－2　合　　　併 …… 88
　　　8－1－3　買　　　収 …… 88
　　　8－1－4　株式の取得による買収 …… 89
　　　8－1－5　事業譲渡による買収 …… 90
　　8－2　国際経営戦略としてのM&A戦略 ………………… 90
　　8－3　M&A戦略の目的 …………………………………… 91
　　　8－3－1　水平型M&A …… 91
　　　8－3－2　垂直型M&A …… 91
　　　8－3－3　技術関連型M&A …… 92
　　　8－3－4　市場関連型M&A …… 92
　　　8－3－5　コングロマリット型M&A …… 92
　　8－4　買収の防衛策 ………………………………………… 93
　　8－5　グローバルな戦略提携 ……………………………… 94
　　　8－5－1　戦略提携とは何か …… 94
　　　8－5－2　合弁企業の設立 …… 95
　　　8－5－3　長期取引関係 …… 95
　　　8－5－4　契　　　約 …… 96
　　8－6　グローバルなライセンシング ……………………… 96
　　　8－6－1　ライセンシングとは何か …… 96
　　　8－6－2　ライセンシングのメリットとデメリット …… 96

8－7　グローバルな共同技術・製品開発 …………………………… 98
8－8　グローバルな契約生産 ……………………………………… 98
　8－8－1　契約生産とは何か …… 98
8－9　グローバルなOEM ………………………………………… 99
　8－9－1　OEMとは何か …… 99
　8－9－2　OEMの目的 …… 100
　8－9－3　OEMの問題点とその回避策 …… 100
8－10　グローバルな委託加工（貿易） ………………………… 101
8－11　グローバルなフランチャイジング ……………………… 102
8－12　グローバルな販売・マーケティング契約 ……………… 103
8－13　グローバルなコンソーシアム …………………………… 103
8－14　グローバルなBPO ………………………………………… 104

第9章　グローバルなマーケティング戦略

9－1　マーケティング戦略とは何か ……………………………… 105
9－2　ブランド戦略 ………………………………………………… 106
　9－2－1　個別ブランド戦略 …… 106
　9－2－2　ファミリーブランド戦略 …… 107
　9－2－3　複数ファミリーブランド戦略 …… 107
9－3　価格設定の基本戦略 ………………………………………… 108
　9－3－1　原価志向価格設定 …… 108
　9－3－2　需要志向価格設定 …… 108
　9－3－3　競争志向価格設定 …… 109
9－4　新製品の価格戦略 …………………………………………… 110
　9－4－1　上層吸収価格戦略 …… 110
　9－4－2　市場浸透価格戦略 …… 110
9－5　製品ミックス価格戦略 ……………………………………… 110
　9－5－1　製品ライン価格戦略 …… 111

9－5－2　オプション製品価格戦略 …… 111
　　9－5－3　キャプティブ価格戦略 …… 111
　9－6　広告・販売促進戦略 …………………………………………… 111
　　9－6－1　広告・販売促進戦略とは何か …… 111
　　9－6－2　広　告　媒　体 …… 112
　　9－6－3　広告のタイプと目的 …… 113
　　9－6－4　販売促進戦略 …… 114
　9－7　流　通　戦　略 ………………………………………………… 114
　9－8　国際マーケティング戦略 ……………………………………… 115
　9－9　BOPマーケティング …………………………………………… 117

第10章　グローバルな組織構造論

　10－1　組織の基本構造 ………………………………………………… 119
　　10－1－1　組織構造とは何か …… 119
　　10－1－2　ライン型組織とファンクショナル型組織 …… 121
　　10－1－3　ス タ ッ フ …… 122
　　10－1－4　部門化の基準 …… 122
　10－2　分権化の組織 …………………………………………………… 124
　　10－2－1　分権化と集権化 …… 124
　　10－2－2　集権化の欠点 …… 124
　10－3　事　業　部　制 ………………………………………………… 125
　　10－3－1　事業部制とは何か …… 125
　　10－3－2　事業部制の長所と短所 …… 126
　10－4　社内カンパニー制 ……………………………………………… 127
　10－5　持　株　会　社 ………………………………………………… 128
　10－6　会社分割，分社化 ……………………………………………… 128
　10－7　組織のライフサイクル ………………………………………… 130

目　次

第11章　多国籍企業の組織

- 11-1　組織構造の変遷 …………………………………………… 133
  - 11-1-1　輸出部組織 …… 133
  - 11-1-2　国際事業部組織の段階 …… 134
  - 11-1-3　グローバルな組織構造の段階 …… 136
  - 11-1-4　グローバル製品別事業部組織 …… 136
  - 11-1-5　グローバル地域別事業部組織 …… 137
  - 11-1-6　グローバル職能別事業部組織 …… 139
  - 11-1-7　グローバル・マトリックス組織 …… 140
- 11-2　海外子会社への統制と現地化戦略 ………………………… 141
  - 11-2-1　現地化戦略 …… 141
  - 11-2-2　海外子会社の所有政策 …… 141
  - 11-2-3　海外子会社への統制戦略 …… 142
- 11-3　マルチナショナル，グローバル，インターナショナル，トランスナショナル組織 ………………… 143

第12章　グローバルな意思決定論

- 12-1　個人による意思決定と集団による意思決定 ……………… 147
  - 12-1-1　個人による意思決定と集団による意思決定とは何か …… 147
  - 12-1-2　個人による意思決定の利点と欠点 …… 148
  - 12-1-3　集団による意思決定の利点と欠点 …… 148
  - 12-1-4　個人による意思決定か集団による意思決定か …… 149
  - 12-1-5　グループシンクとグループシフト …… 149
- 12-2　最適基準による意思決定と満足基準による意思決定 … 150
  - 12-2-1　最適基準による意思決定 …… 150
  - 12-2-2　満足基準による意思決定 …… 151
  - 12-2-3　最適基準・満足基準の国際比較 …… 152

12－3　プログラム化された意思決定と
　　　　　プログラム化されない意思決定 …………………… 153
　　　12－3－1　プログラム化された意思決定 …… 153
　　　12－3－2　プログラム化されない意思決定 …… 153
　　　12－3－3　グレシャムの法則 …… 154
　12－4　リスクと意思決定 ………………………………… 154
　12－5　時間と意思決定 …………………………………… 155
　　　12－5－1　未来志向か過去志向か …… 155
　　　12－5－2　意思決定に考慮する時間 …… 155
　　　12－5－3　日本の経営制度と意思決定 …… 156
　　　12－5－4　アメリカの経営制度と意思決定 …… 157
　　　12－5－5　アジアの経営制度と意思決定 …… 157

第13章　グローバルなモチベーション論と
　　　　　リーダーシップ論

　13－1　モチベーション・動機づけの基礎理論 …………… 159
　　　13－1－1　マズローの欲求階層理論 …… 160
　　　13－1－2　マグレガーのＸ理論とＹ理論 …… 161
　　　13－1－3　ハーズバーグの理論──動機づけ・衛生理論 …… 161
　13－2　一体化理論 ………………………………………… 164
　13－3　期 待 理 論 ………………………………………… 165
　13－4　公 平 理 論 ………………………………………… 166
　13－5　異文化環境でのモチベーション理論 ……………… 167
　　　13－5－1　一体化理論 …… 167
　　　13－5－2　期 待 理 論 …… 168
　　　13－5－3　公 平 理 論 …… 168
　13－6　リーダーシップ ……………………………………… 168
　13－7　パ ワ ー ……………………………………………… 169

　　　　　　　　　　　　　　　　　　　　　　　　　　　　目　　次

　13－7－1　パワーとは何か …… 169
　13－7－2　パワーの源泉 …… 170

第14章　グローバルな雇用管理論
──採用・配置と異動・昇進・解雇・定年

14－1　日本の雇用管理を取り巻く環境──少子高齢化の進行 … 173
14－2　採　　　用 …………………………………………………… 175
　14－2－1　採用の形態 …… 175
　14－2－2　日本企業の採用の特徴 …… 175
　14－2－3　採用に関する法律問題 …… 176
14－3　配置と人事異動 ……………………………………………… 176
　14－3－1　配置と人事異動 …… 176
　14－3－2　自己申告制度と社内人材公募制 …… 178
14－4　昇　　　進 …………………………………………………… 178
　14－4－1　昇　　進 …… 178
　14－4－2　資格制度と昇進 …… 179
14－5　スペシャリストとジェネラリスト ………………………… 180
14－6　解　　　雇 …………………………………………………… 181
　14－6－1　解雇と解雇の法的ルール …… 181
　14－6－2　希望退職の募集 …… 181
　14－6－3　解雇システムの国際比較 …… 182
14－7　定　　　年 …………………………………………………… 183
　14－7－1　定年制とは何か …… 183
　14－7－2　60－65歳定年制 …… 183
　14－7－3　定年制の機能 …… 184
　14－7－4　定年制の見直し …… 184
　14－7－5　定年制度の国際比較
　　　　　　──アメリカ・オーストラリアのケース …… 185

第15章　グローバルな賃金・報酬，労働時間・休日

- 15－1　日本の賃金制度 …………………………………………… 187
  - 15－1－1　賃 金 制 度 …… 187
  - 15－1－2　賃金の構造 …… 188
  - 15－1－3　職能給，職能資格給 …… 190
- 15－2　賃金制度の国際比較 ……………………………………… 190
  - 15－2－1　身分の均一性と賃金制度 …… 190
  - 15－2－2　アングロサクソン諸国の賃金制度 …… 191
  - 15－2－3　日本の賃金制度 …… 192
  - 15－2－4　年功と賃金 …… 192
  - 15－2－5　職務給，職務等級給 …… 193
  - 15－2－6　人事考課・業績評価と賃金 …… 194
  - 15－2－7　付加給付とボーナス（賞与）…… 195
- 15－3　退職金と企業年金 ………………………………………… 196
  - 15－3－1　退職金の性格 …… 196
  - 15－3－2　退職金の算出 …… 196
  - 15－3－3　企業年金制度 …… 197
- 15－4　労働時間と休日 …………………………………………… 198
  - 15－4－1　日本の労働時間制度 …… 198
  - 15－4－2　変形労働時間制度 …… 199
  - 15－4－3　休日，年次有給休暇制度 …… 199
  - 15－4－4　柔軟な労働時間制度 …… 200
  - 15－4－5　労働時間と休日の国際比較 …… 202

第16章　グローバルな職務・人事考課・　　　　　　キャリア・教育訓練

- 16－1　職　　　務 …………………………………………………… 203
  - 16－1－1　職務の割当て …… 203

16－1－2　職務の文書化 …… 204
　　16－1－3　部屋のレイアウト …… 204
　16－2　人 事 考 課 ………………………………………………… 205
　　16－2－1　人事考課とは何か …… 205
　　16－2－2　人事考課制度の国際比較 …… 207
　16－3　キャリア …………………………………………………… 207
　16－4　教 育 訓 練 ………………………………………………… 208
　　16－4－1　教育訓練の種類 …… 208
　　16－4－2　海外での教育訓練
　　　　　　　──アメリカ，オーストラリア，ドイツのケース …… 209

第17章　グローバルな労働組合と労使関係
　17－1　労働組合とは何か ………………………………………… 211
　　17－1－1　労働組合の形態 …… 211
　　17－1－2　ショップ制 …… 212
　17－2　日本の労働組合と労使関係 ……………………………… 213
　　17－2－1　日本の労働組合の特徴 …… 213
　　17－2－2　日本の労使関係の法的ルール …… 214
　17－3　欧米の労働組合と労使関係
　　　　　　──アングロサクソン諸国を中心として ……………… 215
　　17－3－1　アングロサクソン諸国の労働組合 …… 215
　　17－3－2　職場レベルの労働組合
　　　　　　　──イギリスとオーストラリアのケース …… 216
　17－4　アジア諸国の労使関係 …………………………………… 217

　索　　引 …………………………………………………………… 219

第1章

企業のグローバル化と国際比較経営

Summary 　本章では，企業のグローバル化とは何かについて，まず考察する。そこでは，企業のグローバル化の多様な側面について指摘する。また，企業のグローバル化において，重要な視点である輸出と輸入について，国際移転価格，外国為替，貿易と商社も含めて説明する。さらに，国際比較経営の考え方について述べる。国際比較経営は，国際経営環境，特に国際経済，地域，文化などの視点が重要であり，このような地域研究のアプローチ，および普遍的な経営理論研究のアプローチがともに重要であることを指摘する。

1–1　企業の国際化・グローバル化

　世界的なレベルで，企業や社会のグローバル化が急速に進展してきている。国際貿易の活発化，航空機，船，鉄道などの国際的輸送の発達，国際的通信・情報，IT，AI（人工知能）の進歩などにより，ボーダーレスの時代に突入してきている。マスコミの発達による文化・情報の国際化，国際地域統合，自由貿易体制の進展，各国の直接投資規制緩和政策，多国籍企業の発展，人の国際的移動の活発化などにより，世界的にグローバル時代に突入してきている。

　日本企業のグローバル化も急速に進展している。**企業のグローバル化**，**国際経営**といった場合，以下のような多様な側面がある。

　第1は，企業の**貿易**，**海外取引**という視点でのグローバル化である。日本企

業は，海外への製品の輸出，海外製品の輸入，原材料，部品などの輸入，サービス貿易，国際的EC（電子商取引）など，海外との活発な貿易活動をおこなっている。

第2は，日本企業の海外進出，特に海外に工場や店舗などを設置するような，**海外投資**（直接投資と間接投資がある）という視点でのグローバル化である。本書では，この海外投資について，第7章で詳しく説明する。

第3は，日本企業が海外企業との間で，経営戦略や技術などの契約を結ぶといった，**戦略提携**（alliance）という視点でのグローバル化である。本書では，この戦略提携について，第8章で詳しく説明する。

第4は，日本企業が，海外企業を買収したり，海外企業が日本企業を買収するといった，**企業の買収**，M&Aという視点でのグローバル化である。本書では，この買収について，第8章で詳しく説明する。

第5は，日本企業が国内で外国人労働者を採用するような，**内なる国際化**という視点でのグローバル化である。日本は，少子化などのため労働者不足が生じており，その対応から外国人労働者や外国人移民が増えてきている。日本の社会自体が，国際化しつつあるのである。これに関連する人的資源管理について，本書では，第14章から第17章で詳しく説明する。

第6は，環境問題，技術，規格などの**グローバル・スタンダード**（世界標準）という視点でのグローバル化である。現在は，環境問題，技術，規格などで，国境を越えた世界的基準での標準化や規格化が進展してきている。たとえば，会計の分野では**国際会計基準**，品質管理の分野では**ISO**（国際標準化機構：International Organization for Standardization），製品規格の分野では**業界規格・規格標準**（de facto standard）などがある。また，SDGs（持続可能な開発目標）により，環境，人権などの規制が世界的に厳しくなっている。

第7は，**国際経営環境**（経済，文化，社会，政治，制度など）と企業のグローバル化という側面である。国の経営環境は，企業の国際経営に大きな影響を与えている。また，国連の**SDGs**（持続可能な開発目標）などにより，環境，人権，などの規制が世界的に厳しくなっている。

第8は，企業の国際的な進出・参入戦略という**国際経営戦略**という側面である。具体的には，戦略，組織，生産，マーケティング，人的資源管理，財務，などの国際経営である。

本章では，以上のような，グローバル化の側面の中で，貿易を中心として考察する。また，企業のグローバル化について重要な視点である国際比較経営についても考察する。

1-2 貿易

1-2-1 輸出と輸入

企業のグローバル化において，まず重要なのは輸出・輸入といった**貿易活動**である。貿易には，**モノの貿易**と**サービスの貿易**がある。近年，グローバルにサービス貿易が拡大している。

企業の輸出は，間接輸出と直接輸出に分類される。**間接輸出**は，企業が商社・貿易業者などを通して輸出することをいう。

間接輸出のメリットは，輸出，海外市場に関する経験，知識がなくても海外での販売が可能であることである。さらに，初期投資が少なく，**サンクコスト**（埋没費用：いったん投入すると回収できにくい費用）が少なく，結果としてリスクが小さいこともメリットである。**間接輸出のデメリット**は，貿易，現地販売を他の企業に依存していることから，価格，製品戦略，広告，ブランド構築，アフターサービス，流通チャネル等において，企業独自のマーケティング戦略が困難となることである。さらに，海外マーケティング，海外販売に関する経営資源・ノウハウの蓄積が少ないこともデメリットである。

以上から，間接輸出は，海外市場での経験が乏しく，輸出量が少なく，海外市場でのリスクが高く，中小・中堅企業の場合に，海外戦略として有効であろう。

直接輸出は，企業独自に輸出部門，海外支店，現地販売子会社などを設立して，輸出活動をおこなうことである。

直接輸出のメリットは，価格，製品戦略，広告，販売促進，ブランド構築，アフターサービス，流通チャネルなどにおいて，企業独自のマーケティング戦略が可能となることである。

直接輸出のデメリットは，初期投資が多く必要であり，撤退障壁（てったいしょうへき）が高くなり，結果としてリスクが大きくなることである。

以上から，海外市場での販売の増大，海外での経験の蓄積につれて，企業独自の販売の必要性が増大することから，直接輸出が有効となる。

1-2-2 国際移転価格

国際的な企業内取引の価格について考えてみよう。図1-1は，国際的な企業内取引（貿易）をみたものである。日本の本社が海外の子会社に部品や完成品を輸出しているとする。日本の本社は，海外の子会社に対しての輸出価格を高めに設定すると，日本の本社はその分だけ利益を得るが，海外の子会社は高い部品や製品を買わされている分だけ利益が少なくなる。逆に，日本の本社は低い価格で輸出すれば，日本の本社は利益が減り，海外子会社は利益が増える。このように，海外を含めた同一企業・グループ企業内での輸出価格の設定—これを**企業内取引の国際移転価格**（transfer pricing）という—によって，本社と海外子会社の間，あるいは海外子会社間で利益を移転することが可能となる。

図1-1　国際的な企業内取引（貿易）

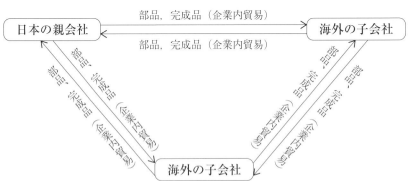

このように，多国籍企業は，世界的視点で税金の高い国から低い国に利益を移転させて**租税回避**（タックス・ヘブン）をすることができるかもしれない。この場合，税金の高い国は租税回避であると批判するかもしれない。

また，移転価格は，**ダンピング**の問題とも関係している。たとえば，日本の本社が，不当に安い価格でアメリカに輸出したとすると，現地企業への不公正な競争であるとしてダンピングの疑いで提訴されるおそれが出てくる。

以上のように，企業内取引の国際移転価格の設定は，国際経営戦略として重要な問題である。また，この問題は国際経済においても大きな課題である。

1-2-3 外国為替と企業の国際化

世界の貿易では，**米ドルが国際貿易の決済通貨**とされているのがまだ一般的である。近年，EU諸国の通貨である**ユーロ**も決済通貨として使用されてきている。国際的にみると，日本の**円**は，国際貿易の決済通貨として使用される割合はまだ少ない。

1-2-4 外国為替の円高円安と貿易，直接投資

1米ドルが150円であったのが100円になるとすると，円の価値が上がったことになり，それを**円高**という。円高になると輸出が不利になるが，輸入は有利になる。アメリカで1米ドルの価格で販売している製品のケースを考えてみよう。以前は，1米ドル価格で販売すると日本円では150円の売り上げになっていたが，円高になると，1米ドルでは日本円で100円しか売り上げが入らないことになるので，減収となる。輸入では，円高になると，1米ドルの商品が，以前は日本円で150円であったものが100円になることから，安く買えることになる。

逆に，1米ドルが100円であったのが150円になるとすると，円の価値が下がったことになり，これを**円安**という。円安になると輸出が有利になり，輸入が不利になる。アメリカで1米ドルの価格で販売している製品のケースを考えてみよう。1米ドル価格で販売すると日本円では100円の売り上げになるが，

円安になると，1米ドルでは日本円で150円も売り上げが入ることになるので，増収となる。輸入では，円安になると，1米ドルの商品が，以前は日本円で100円であったものが150円になることから，高くなることになる。

外国為替の変動は，貿易のみでなく，**海外直接投資**にも大きく影響する。円高になった場合，日本からの輸出が不利になるため，日本企業は海外に工場を建てるなどの直接投資を増やそうとする。すなわち，為替が相対的に有利である海外工場から，世界に輸出しようという戦略をとるのである。

以上のように，円は変動為替があるため，**為替レートの変動**は，貿易や直接投資などの国際経営戦略に大きな影響をあたえる。

1-2-5 貿易と商社

貿易とは，国際間の取引で，**輸出**や**輸入**といった交易である。貿易には，**モノの貿易**と**サービスの貿易**があり，近年，日本ではサービス貿易が拡大している。サービス貿易には，国際輸送，国際観光，特許・ライセンス等の使用料，国際的情報・通信，国際的EC（電子商取引）などがある。

日本では，貿易において**商社**の役割が重要である。日本では，**専門商社**と総合商社といわれる商社があり，特に**総合商社**は規模が大きく，重要な存在である。専門商社も，各部門の貿易で重要な役割を果たしている。

三井物産，三菱商事，住友商事，双日，伊藤忠商事，丸紅などの総合商社は，日本特有の存在である。総合商社は，日本での製品の輸出や輸入といった活動以外でも，多彩な活動をおこなっている。総合商社は，第3国仲介貿易（日本以外の国どうしの貿易），海外での資源開発，直接投資による他企業（メーカー，サービス）との合弁会社の設立，貿易取引の資金的・保険的支援，大プロジェクトのコーディネーター，日本企業の運営・経営や資本参加（出資），などの活動もおこなっている。

1-3　国際比較経営

　企業経営の世界には，会計基準，コーポレートガバナンス原則，製品規格標準化など，**グローバル・スタンダード化**の波が押し寄せている。一方で，それぞれの国や地域に根付いた独自の文化や環境は企業経営に大きな影響を及ぼしている。したがって企業が国際的な活動を展開しようという場合，進出する国や地域の特色を理解しておく必要がある。そのためには，どこと比べて，何がどう異なっているのかという比較の視点が不可欠である。国際比較経営の研究は，経済や社会・文化にまで踏み込んで企業経営のあり方の違いを明らかにすることで，地域を理解する手がかりをあたえ，企業の国際化に貢献している。
　本書では，このような国際比較経営を重視した視点で，経営のグローバル化について考察する。

1-3-1　企業経営における国際比較の視点

　国際比較経営は，国や地域などによって企業経営のあり方がどう異なっているのかを解明しようとする研究領域である。比較という名称の通り，ある企業経営と別の企業経営を比較し，その共通点や相違点を明らかにしようというわけである。本来なら，全世界の企業の経営を共通の指標で比較すればよいのだが，現実的にはスケールが大きすぎてむずかしく，特定の国や地域を取り上げて比較することがほとんどである。
　たとえば，経営の日米比較は最も多くおこなわれている。日本企業とイギリス企業の比較も数多くおこなわれている。またアジア的な経営と，アングロサクソン系（アメリカ，イギリス，オーストラリア）の経営，日本の経営を比較するといった大きなくくりでの比較もある。
　国際比較をおこなう場合，何をどう比較するのか，どの次元で比較するのか，どの時点で比較するのかといったことが重要になってくる。これは，各研究者の興味や関心，調査方法などによって異なり，それが国際比較経営の研究に幅

と広がりをもたらしている。

国境を越えて企業経営を比較しようとするときに重要になるのが，**国際経営環境からのアプローチ**である。なぜなら各国・地域の企業経営は，それぞれの経営環境の中で営まれており，環境要因が企業経営の本質的な差となってあらわれることが多いからである。

国際経営環境を考える視点は，3つある。

第1は，**国際経済の視点**である。国の経済状況はそれぞれに異なっている。社会主義経済体制と市場主義経済体制といった大きな枠組みだけでなく，各国ごとに細かな差異がある。また，発展途上国，中進国，先進諸国では，経済の発展段階が相違している。そのため，比較しようとする国々の経済状況を把握しておかなくてはならない。

第2に，**国際地域の視点**である。たとえば，東南アジアには政治・経済協力を目指すASEAN（東南アジア諸国連合）やAFTA（アセアン自由貿易地域）という枠組みがあり，ヨーロッパではEU（欧州連合）が，北米ではアメリカ，カナダ，メキシコによるNAFTA（北米自由貿易協定）という地域経済の仕組みが機能している。近年は特に2国間で結ばれるFTA（自由貿易協定）が注目されており，国だけでなく地域経済という見方が必要になってきている。

第3は，**文化的な視点**である。文化には，歴史，社会，民族，制度なども含まれる。文化はそれぞれに固有なものだけに，あまり考慮しすぎると普遍性を求める社会科学の学問として成り立たなくなってしまう。しかし，文化は経営に大きな影響を及ぼしているだけに無視はできない。世界中の文化を，共通な指標を使って比較する手段もあるが，それで文化の問題をすべて網羅できるわけではなく，個別に詳しく記述しなければならないことの方がはるかに多くある。文化の問題は，国際比較経営の研究では最も扱いがむずかしいといえる。

1-3-2　人的資源，制度，戦略，生産管理などの比較

研究の進め方は，テーマや対象によってさまざまであるが，研究手法としてはアンケート（質問紙調査），インタビュー，生産現場の観察，フィールドワー

ク，現地資料・文献の収集などを通して総合的にデータや資料を集め，それらを分析して比較をおこなうのが一般的である。

比較の観点として最も多く用いられるのは**人的資源管理・労務人事管理**である。経営を左右するのは最終的に人であり，現地の人材をどう管理，育成，活用し，意思決定などに関与させているかなど，人事の観点から企業経営の違いを明らかにしようというわけである。ほかには**制度**，**コーポレートガバナンス**，**経営戦略**，**組織**，**マーケティング**，**生産管理**，**経営史**などの観点で比較されることが多い。なお，制度とは，経済制度，政治制度，法制度，企業制度，経営制度などの，国や企業のルール，きまり，規則としての制度である。

近年，注目されている研究テーマとしては，まず**生産の国際比較**があげられる。これは自動車，電機，機械などのメーカーにおける，技術的な生産管理や人材管理の方法などを比較するものである。古くからある研究テーマであるが，日本のものづくりの力が再評価されてきたこともあり，海外に進出した際のものづくりをどう改善するかという点で再び注目されている。

また，**フロンティア地域の研究**もおこなわれている。フロンティア地域とは，発展が期待されているにもかかわらず実際には海外からの投資が少ない地域で，アジアならミャンマーやインド，ヨーロッパなら東欧諸国，南米諸国，アフリカ諸国などである。企業経営のグローバルな事業再編，工場再編，立地戦略の必要性が高まったことで，これらの地域の情報が求められているからである。

1-3-3 国際比較経営の目指すもの
──普遍的な理論構築と個別の経営環境

国際比較経営の研究は，国際経営学の他の研究領域と同様，現実の企業における国際経営に役立つ実用面と，学問としての発展という２面性を持ち合わせている。実用面では，企業の国際経営戦略立案に大きく貢献している。企業活動を海外に展開するには，各地域の経営資源のさまざまな「違い」を理解し，その地域の特質を尊重した上で，有効な現地化をはかることが大切だからである。

図1-2は，著者の**国際比較経営**の考え方をあらわしたものである。学問の発展という面では，2つの方向性がある。

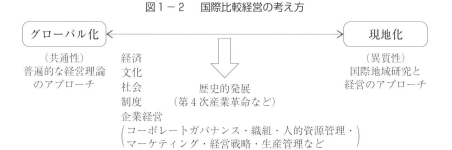

図1-2　国際比較経営の考え方

1つは，**普遍的な経営理論の構築**の方向性である。これは，グローバル化の方向性でもある。科学としての経営学に，文化などの要因を含めること自体が不自然だとの考え方もあり，一般理論・統一理論を組み立てようというものである。たとえば，国による経営の違いを，**歴史の発展段階**と結び付けられるならば，経営の発達を人類の歴史の発達という観点から統一的に説明できるかもしれない。人類の歴史は，**近代化**，**産業化**，**IT（情報）化**，**AI（人工知能）化**が進んでおり，これを**第4次産業革命**と捉えることもできる。

もう1つは，それぞれの国や地域の経済，文化や歴史，それらの影響を受ける**経営環境と経営**などをできるだけ細かく記述していこうという方向性である。これは，現地化の方向，国際地域研究のアプローチである。

すわなち，前者は共通項を取り出し，後者は異なる要素を取り出して，総合的に理解しようというわけである。

国際比較経営の研究は，常にこの2つの方向性を内包している。研究対象はあくまでも企業経営であるが，環境による要因は企業経営を考える際に欠かせず，比較する際には国際地域全体を調べることになる。その意味で，国際比較経営は**国際地域研究**でもあるということもできる。国際比較経営を研究するには，**経営と地域**という2つの要素が欠かせないのである。

第2章

グローバル化時代の現代企業

Summary

　本章では、経営学の中心的研究対象である企業についてグローバルな観点から考察する。企業には、民間が出資する私企業と、国や地方が出資する公企業がある。私企業の代表的形態として、個人企業と共同企業がある。共同企業には、合名会社、合資会社、株式会社、有限会社（特例有限会社）、合同会社などがあり、最も一般的な形態は株式会社である。そのほかに、非営利企業として、協同組合がある。また、注目されている法人組織としてNPO法人がある。
　会社は、公開会社と非公開会社、外会社と子会社、親会社と子会社、内国会社と外国会社などに分類できる。本章では、国際比較の視点も加えて、現代の企業、会社について議論する。

2-1　企業、会社とは何か

　企業とは、継続的に生産、流通、サービスなどの経済活動、事業活動をおこなう独立した単位である。企業には、私人、民間が出資する**私（民間）企業**、および、国や地方公共団体などが直接運営するか、出資する**公企業**がある。
　表2-1は、日本での企業の種類をあらわしたものである。
　私（民間）企業とは、個人や民間が出資し、営利を目的とする企業をいう。私企業には、個人企業と共同企業がある。**個人企業**は、原則として1人が出資して事業を営む企業形態で、**共同企業**は原則として2人以上が出資して事業を営む企業形態である。この企業形態は、グローバルにみても、ほぼ同様である。

共同企業には，日本の法律では，会社，協同組合，民法上の組合，匿名組合，有限責任事業組合，投資事業有限責任組合などがある。その中で，**会社**が最も代表的で，合名会社，合資会社，株式会社，有限会社，合同会社などの形態がある。

　国際的に企業形態をみると，国営企業，公営企業などの公企業，および個人企業，合名会社，合資会社，株式会社，有限会社，協同組合などの私（民間）企業が存在しているという点でほぼ共通している。ただし，国により各種の企業形態の比重が違っていたり，同じ株式会社，有限会社であっても各国の会社法制により微妙に相違している。また，これ以外の企業形態が存在している国もある。中国やベトナム等の社会主義国では，一般的に公企業の比重が高い。

表2－1　日本での企業の分類

1．私（民間）企業	(1) 営利企業	①個人企業		
		②共同企業	(a) 法人企業	合名会社
				合資会社
				株式会社
				有限会社（特例有限会社）
				合同会社
			(b) 非法人企業	民法上の組合
				匿名組合
				有限責任事業組合 投資事業有限責任組合
	(2) 非営利企業	協同組合	農業協同組合	
			漁業協同組合	
			消費者生活協同組合	
			信用組合	
			労働者協同組合	
			その他	
2．公企業	(1) 官公庁企業			
	(2) 国営企業	法人公企業	政府系銀行	
			機構	
			その他	
		特殊法人		
	(3) 地方公営企業			
	(4) 公私混合企業			

2-2 個人企業

個人企業は，原則として個人が出資し，経営する形態である。歴史的にみて，最初の企業形態である。個人企業主は，通常，経営の決定を1人でおこない，得た利益はすべて自分のものにできる。しかし，損失や債務はすべて個人事業主が負うことになる。その意味で，個人企業は**無限責任**である。

個人企業は，日本でも海外でも最も数の多い企業形態である。たとえば八百屋，肉屋，パン屋，小売などの商店や農家は，多くは個人企業である。

個人が集めることのできる資金には限界があるため，個人企業は，事業が拡大すると，一般的に共同企業形態としての会社に発展する。これは，歴史的にみても，またグローバルにみてもほぼ共通である。

2-3 会　　社

2人以上が出資して事業を営む形態が**共同企業**である。共同企業で代表的な形態が**会社**である。グローバルにみても，会社が代表的企業形態である。

日本で最初に会社制度が法的に承認されたのは，1872（明治5）年の国立銀行条例であるといわれている。これは，アメリカのナショナルバンク制度をモデルにしたものである。これにより，国立銀行は，**渋沢栄一**が創設した第一国立銀行をはじめとして，1879年にはその数は153行にも及んだ。

日本の法律では，会社には，合名会社，合資会社，株式会社，有限会社，合同会社などがある。2006年に施行された会社法では，株式会社以外の会社，合名会社，合資会社，合同会社の3つの会社形態を合わせて**持分会社**とした。

会社は，日本の商法では**営利目的**で設立された**社団法人**であると定義している。会社は，経済的な利益を得るという営利を目的とするものである。社団法人は，法律用語である。**社団**とは団体としての組織・機構を備えた人の集合体を意味する（これに対して**財団**は，財産の集合である）。また，**法人**とは，文字ど

おり法律がつくった人である。すなわち法人とは、本当の人（これを法律用語で**自然人**といっている）と同等の権利能力をもつ法律上の主体をいう。したがって、法人は自然人同様に、契約の締結、取引行為、財産の所有などの権利義務の主体としての権利能力をもつのである。たとえば、会社は、会社名義で取引をしたり、財産をもつことができる。

表2-2は、日本の主な私（民間）企業の種類と特徴をあらわしたものである。

2-3-1　合名会社

合名会社とは、1人以上の者が出資して共同で事業を営む形態で、出資者（法律用語では**社員**とよぶ）全員が会社債務に対して**無限責任**を負う企業形態である。合名会社の出資者は、原則として、会社の業務を執行し、会社を代表するという、企業の所有と経営が一致している。出資者の持分を譲渡する場合、他の出資者全員の承諾を必要とする。

表2-2　日本の主な私（民間）企業の種類と特徴

	個人企業	合名会社	合資会社	株式会社	（特例）有限会社	合同会社
出資者	1名以上	1名以上	無限責任出資者と有限責任出資者各1名以上	1名以上	1名以上	1名以上
出資者の責任	無限責任	全員無限責任	無限責任と有限責任の出資者	全員有限責任	全員有限責任	全員有限責任
特徴	個人事業主が営む形態で、数が多い。	所有と経営が一致	有限責任出資者を加えたことで、多くの出資者から資本調達が可能。	資本の証券化。多額の資本調達が可能。最も代表的な企業形態。	株式は非公開。中小企業に適した形態。	所有と経営が一致。原則として出資者全員の一致で会社の経営をおこなう。

歴史的には，最初の合名会社は，中世ヨーロッパのイタリアやポルトガルに生まれた**ソキエタス**という共同企業である。

ここで重要なのは，**無限責任**という概念である。無限責任とは，出資者が，会社債務に対して個人財産で限度なしに責任を負うことである。たとえば，もし会社が倒産し，会社に10億円の債務があるとすると，出資額が10万円であっても他の出資者と連帯責任で10億円の会社債務の義務を負うことになる。すなわち，無限責任では，出資額にかかわらず，会社債務に対して個人財産を差し出しても責任を負うのである。

戦前の財閥，たとえば三井財閥では，本社としての持株会社は三井合名会社という合名会社形態であった。現在の日本では，合名会社形態は，会社総数の1％以下と極めて少ない。グローバルにみても，現在，合名会社は少ない。

2-3-2 合資会社

合資会社とは，2人以上が出資（無限責任出資者と有限責任出資者各1名以上）して共同で事業を営む形態で，**無限責任**の出資者に加えて，会社債務に対して出資額限りの責任しかとらない**有限責任**の出資者を加えた企業形態である。

合資会社の無限責任の出資者（社員）は，合名会社と同様に，原則として，会社の業務を執行し，会社を代表するという，企業の所有と経営が一致している。無限責任出資者の持分を譲渡する場合，他の無限責任出資者全員の承諾を必要とする。

合資会社の有限責任の出資者は，もし会社が倒産し，会社に10億円の債務があったとしても，出資額が10万円であれば，その出資額限りの責任を負うだけである。この資本の有限責任制度は，人類の最大の発見の1つであろう。

合資会社は，中世イタリアの地中海沿岸商業都市で発展した，船舶により貿易をおこなう企業である**コムメンダ**を起源にしているといわれる。戦前の財閥，たとえば三菱財閥，住友財閥では，本社としての持株会社は三菱合資会社，住友合資会社という合資会社形態であった。

有限責任の出資者を加えたことで，多くの出資者から資本を調達することが

可能となった。現在，日本や世界をみると，合資会社は極めて少ない。

2-3-3 株式会社

株式会社は，現在，日本でも海外でも私企業の代表的形態である。

株式会社の起源は，1602年設立の**オランダ東インド会社**である。日本では，明治初期の**第一国立銀行**が，株式会社の最初であるといわれている。

株式会社の第1の特徴は，資本を出資した株主は，**全員有限責任**であることである。たとえば，もしある株式会社が倒産し，その株式会社に10億円の債務があったとしよう。株主は，株式への出資額が10万円であれば，その株式が無価値になり投資を回収できなくなるが，それ以上の会社債務返済の義務はない。すなわち，株主は自己の出資額を限度として会社の債務に責任を負えばよく，それを超えた部分に対しては責任を負わない。そのため，**出資のリスクが限定**されることから，株式会社は，世界の多数の人々から多額の資本を集めることを可能としている。人類の経済発展において，株式会社の果たした役割は極めて大きい。グローバルにみても，株式会社が企業の代表的形態となっている。

第2の特徴は，**資本の証券化**である。株式会社は，**株式**という証券を発行して株主から資金を調達する。株式会社の中で，公開企業の場合，原則として，海外投資家を含めて株式は**証券市場**で自由に売買することができる。

会社法において，株式会社の**最低資本金制度**がなくなり，資本金1円でも株式会社を設立することが可能となった。資本金1円では，出資者は1人のみということになり，いわゆる**一人会社**も認められている。

2-3-4 有限会社（特例有限会社）

株式会社の特徴を活かして，小さな企業でも設立しやすいような企業形態が**有限会社**である。株主が全員有限責任で，一般的には株式が非公開（閉鎖会社）の企業形態である。日本では，小企業の多くに有限会社形態が存在する。

会社法では，有限会社制度を廃止した。ただし，既存の有限会社については経過措置が設けられて，**特例有限会社**として存続可能である。

2-3-5 合同会社

合同会社は，会社法で創設された新しい会社形態である。

合同会社は，出資者（法律用語では社員）はすべて有限責任であり，法人格をもち，内部関係については民法上の組合に近く，定款自治が強く認められる企業形態である。どちらかというと民主的な組織・会社である。

合同会社の出資者としての社員は，原則として会社の業務を執行し，会社を代表するという，企業の所有と経営が一致している。合同会社は，原則として，出資者全員の一致で定款の変更や会社経営の決定がおこなわれ，各社員が会社の業務を執行する。経営の事項について，出資額にかかわらず社員の総意で決定することができる。会社の持分の譲渡については，原則として社員全員の一致が要求される。

合同会社は，アメリカの**LLC**（Limited Liability Company）のような企業形態である。

合同会社は，ベンチャー企業，産学共同事業，会計や弁護士事務所などのプロフェッショナル企業に適している企業形態である。

2-4 会社の分類

2-4-1 公開会社と非公開会社

公開会社は，すべての種類，または一部に株式について譲渡制限がない株式会社である。公開会社は，原則として株式を証券市場で自由に取引している企業である。公開会社には，会社の株式を証券取引所等の証券市場で売買される会社として**上場企業**がある。海外でも，多くの国に，**証券取引所**が存在する。

一方，**非公開企業**（**閉鎖会社**）は，すべての種類の株式について譲渡制限がある株式会社である。すなわち，非公開企業は，株式が少数の特定株主により所有され，株式の流通市場をもたない会社である。そのため，非公開企業は，通常，株式市場で売買できない。

一般的には，公開企業は大企業で，非公開会社は中小企業である。ただし，大企業でも，一部の企業で非公開企業が存在する。

大企業でも非公開にするのは，以下のような企業である。

① 外資系企業：外国の親会社などが，株式のかなりを所有している外資系企業は，非公開企業が多い。ネスレ日本，日本IBM，アップルジャパン，日本マイクロソフトは非公開企業である。

② 合弁企業：合弁企業では，設立の当初は非公開が一般的である。ニベア花王，東レデュポン，ジェットスタージャパンなどは非公開企業である。

③ 公益性，中立性が必要とされる企業：マスコミなどの企業。朝日新聞，読売新聞などは非公開企業である。

④ オーナー所有，家族所有の企業：パロマ，ヤナセなどは非公開企業である。

⑤ 会社の経営戦略のため，または，買収防止などのため非公開にしている。JTB，電通，YKK，オーディオテクニカなどは非公開企業である。

⑥ 大企業が出資した子会社。NTT東日本，ローソン，など。

2-4-2 三大会社と小会社，中小企業，ベンチャー企業

日本では，資本金が5億円以上，または負債が200億円以上の会社が，**大会社**である。(会社法第2条6号)。

中小企業基本法では，以下のような企業を**中小企業**と定義している。

① 製造業等では，資本金3億円以下または従業員数が300人以下。

② 卸売業では，資本金1億円以下または従業員が100人以下。

③ サービス業では，資本金5,000万円以下または従業員数が100人以下。

④ 小売業では，資本金5,000万円以下または従業員数が50人以下。

なお，中小・中堅企業で，独自性の高い技術・製品・サービスなどにより市場を開拓して成長している企業を**ベンチャー企業**とよんでいる。

2-4-3 親会社と子会社

他の会社の株式の過半数以上を所有する企業が**親会社**であり，所有される側

の会社が**子会社**（従属会社ともいう）である（会社法第2条3，4号）。親会社のうち，他の会社の株式を100％所有する企業を**完全親会社**，所有される側の子会社を**完全子会社**という。

ソニーのケースをみてみると，親会社としてのソニーは，ソニー・ピクチャーズエンタテインメント，ソニー・ミュージックエンタテインメント，ソニー・セミコンダクタソリューションズ，ソニーマーケティングなどの多くの子会社をもっている。

2-4-4　内国会社と外国会社

外国の法令に準拠して設立された法人その他外国の団体で，日本の会社と同種または類似のものを，**外国会社**という（会社法第2条2号）。これに対して，日本法に従って設立された会社を**内国会社**という。

商法では，外国で設立した会社の法人格は，特別の承認手続きを経ることもなく，日本でも自動的に承認される（民法第36条1項）。なお，外国会社が，日本で継続的に事業活動しようとする場合，日本で代表者を定め，外国会社の登記をしなければならない（会社法第813，814条）。

2-5　その他の共同企業

2-5-1　民法上の組合

共同企業の簡単な形は，民法上の組合である。2人以上（法人でもよい）が出資し，共同で事業（営利事業である必要はない）を営むことに合意すれば，組合契約が成立し，**民法上の組合**となる。その構成員は，債務に対して無限責任を負う。民法上の組合は**契約**であり，会社と違い法人格をもたない。構成員相互間の契約関係で結ばれており，各構成員の独立性は強い。

たとえば，友人同士で，資金を出し合ってベンチャーやネット販売などの事業を始めた場合，民法上の組合という契約で始めることができる。

2−5−2 匿名組合

当事者の一方（名前を公にしない匿名組合員）が相手方（事業者）の事業のために出資し，その事業から生じる利益分配を約する契約が，**匿名組合**である（商法第535条）。匿名組合に法人格はなく，匿名組合員は有限責任のみである。

たとえば，日本では航空機リースなどの事業で利用されている。

2−5−3 有限責任事業組合

出資者は全員有限責任で，民法上の組合に近い新しい共同企業形態が，**有限責任事業組合**（LLP：Limited Liability Partnership）である。日本で2005年に施行された有限責任事業組合法にもとづく新しい形態である。

事業運営は，原則として自由な運営が可能で，設立が容易である。有限責任事業組合は，会社と違い，法人格がない。そのため，不動産登記や内部留保ができない。また，法人課税はされず，出資者に課税される。

有限責任事業組合は，中小企業の連携，共同研究開発，投資ファンド，街おこし，イベント開催などの組織として設立されている。

2−5−4 投資事業有限責任組合

ベンチャー企業などへの投資を目的とする，無限責任組合員および有限責任組合員からなる組合が**投資事業有限責任組合**である。日本のベンチャー企業などへの投資を目的とするファンドのかなりがこの形態である。

2−6 協同組合

組合員の相互扶助と地位の向上をはかる目的で設立された法人が，**協同組合**である。協同組合は，原則として，**非営利組織**の企業である。

歴史的にみると，17世紀に産業革命を経験したイギリスで確立されたとされ，協同組合の原型は，1844年に設立された**ロッチデール公正開拓者組合**である。

協同組合は，欧州，米国，アジア等，グローバルに存在している。

日本では，消費者のための協同組合として消費生活協同組合（生協），中小企業のための協同組合として，事業協同組合，信用協同組合（信用組合），信用金庫，企業組合，労働者のための協同組合として労働者協同組合（ワーカーズ・コープ）などがある。さらに，農林水産業者のための協同組合として，農林中央金庫，農業協同組合（農協），森林組合，水産業協同組合などがある。

協同組合の特徴として以下がある。これは，ロッチデール原則にもとづく。

① 組合員は，出資口数の多少にかかわらず，**1組合員に1票の議決権**を有する。すなわち，協同組合は，株式会社のような1株1票主義ではなく，1人1票主義という民主的運営の原則を採用している。

② 協同組合の加入，脱退は原則として自由である。ただし，法律で組合員の資格が限定されている場合（たとえば農協の場合は農業従事者，生協の場合は一定の地域や職域による人）は，その範囲の人が組合員になることができる。

③ 組合員は，出資1口以上を有しなければならない。協同組合の組合員になるためには，出資して持ち分を得る必要がある。

④ 剰余金の割戻し。組合員の利用分量に応じて剰余金の割戻しを受けることができる。共同組合では，剰余金の分配は，株式会社のような出資額によるのではなく，組合からの購買額，利用額に比例する方法である。

2-7 公企業

2-7-1 公企業とは何か

国や地方公共団体などが直接運営するか，出資する企業が，**公企業**である。私企業以外の企業形態として，中国やベトナムなどの社会主義国のみならず資本主義国においても，国営・公営企業などの公企業が多く存在している。国営・公営企業の**民営化**の動きが，社会主義国だけではなく資本主義諸国でも共通するグローバルな趨勢として存在していることは注目される。

発展途上国では，一般的に国営・公営企業の比重が高い傾向がある。経済発

展の初期段階では，公部門による産業基盤整備，産業育成が必要であるためである。日本でも，明治初期に官営事業（造船，製鉄，鉱山，紡組，電信，鉄道など）として多くの公企業を設立した。

　公企業の目的として，以下がある。
① 公益性の強い事業：道路，港湾，鉄道，空港などの輸送施設，郵便，通信，電話などの通信施設，水道，下水，電力，ガスなどの公益事業サービス。
② 財政収入のため：タバコ，酒などの事業。
③ 経済発展の基盤形成のため：経済発展の初期段階におけるインフラ（産業基盤）整備，幼稚産業の育成の事業。
④ 国家的安全の確保のため：防衛，軍需，原子力などの活動，事業。
⑤ 資源の確保のため：石油，原子力の研究と開発などの事業。
⑥ 経済政策のため：日本では，住宅金融支援機関，日本政策金融公庫など。
⑦ 社会的共通資本の建設と管理のため：公共財，国防，警察，消防などの国家の安全や社会の治安維持，公共施設，福祉，病院，道路，公園などの公衆衛生や生活環境，学校，図書館などの教育・文化施設。

2－7－2　日本の公企業

　かつては，公企業として国鉄，郵政，電電公社，専売公社などがあったが，国鉄はJR各社に，郵政は日本郵便，ゆうちょ銀行，かんぽ生命に，電電公社はNTT各社に，専売公社はJT（日本たばこ産業）として民営化された。

　日本の公企業として，以下がある。

　第1は，**官公庁企業**である。これは，官公庁が直接事業をおこなっている形態である。国有林野事業（林野庁），紙幣印刷事業・造幣事業（財務省印刷局，造幣局）などがある。官公庁企業は，**郵政事業の民営化**などにより少なくなってきている。

　第2は，**国営企業**である。これは，国が全額出資している法人形態の企業である。日本では，民営化が進展しているため，国営企業が少なくなり，各種の機構，政府系銀行などの形態で存在している。

第3は，国の法律に依拠した公的な事業を営む**特殊法人**である。放送法による日本放送協会（NHK），日本銀行法による日本銀行などがある。

　第4は，**地方公営企業**である。地方公共団体が運営，または出資する事業である。水道，下水，鉄道・バス事業などがある。

　第5は，**公私混合企業**である。国や地方と，民間が出資した企業である。公私混合企業の1つとして，**第三セクター**という形態がある。第三セクターとして，地域開発事業，インフラ建設，地方鉄道の再建，新鉄道の建設などがある。

2-8　NPO法人

　企業ではないが，日本で最近注目されている法人形態の組織として，**NPO法人**がある。NPOは，世界の多くの国に存在している。グローバルで著名なNPOとして「国境なき医師団」などがある。

　NPOとは，英語でNon Profit Organizationのことで，非営利組織を意味する。日本では，NPO法として，「特定非営利活動促進法」が1998年3月に公布され，同年12月に施行された。日本ではNPO法人を，正式には**特定非営利活動法人**という。

　NPO法人は，営利を目的とせず，公益性をもつ活動をおこなう団体に法人格をあたえるものである（**公益法人**として，そのほかに社会福祉法人，医療法人，学校法人，宗教法人などがある）。NPO法人設立のねらいは，ボランティア活動をはじめとする市民がおこなう自由な社会貢献活動としての特定非営利活動を促進しようとするものである。

　NPO法は，NPO法人が主たる目的としておこなう分野として，**表2-3**に示すように20の活動をあげている。日本では，介護施設，福祉施設，児童館，学童クラブなどの運営，ボランティア活動，文化・スポーツ活動，国際協力などを目的とするNPO法人が多く設立されている。

表2-3　NPO法が定めるNPO活動分野

① 保健，医療または福祉の増進を図る活動
② 社会教育の推進を図る活動
③ まちづくりの推進を図る活動
④ 輸出の振興を図る活動
⑤ 農山漁村または中山間地域の振興を図る活動
⑥ 学術，文化，芸術またはスポーツの振興を図る活動
⑦ 環境の保全を図る活動
⑧ 災害救援活動
⑨ 地域安全活動
⑩ 人権の擁護または平和の推進を図る活動
⑪ 国際協力の活動
⑫ 男女共同参画社会の形成の推進を図る活動
⑬ 子どもの健全育成を図る活動
⑭ 情報化社会の発展を図る活動
⑮ 科学技術の振興を図る活動
⑯ 経済活動の活性化を図る活動
⑰ 職業能力の開発または雇用機会の拡充を支援する活動
⑱ 消費者の保護を図る活動
⑲ 前各号に掲げる活動をおこなう団体の運営または活動に関する連絡，助言または援助の活動
⑳ 前各号に掲げる活動に準ずる活動として都道府県または指定都市条例で定める活動

（参考文献）

江頭憲治郎『株式会社法』有斐閣，2024年。
河本一郎・川口恭弘『新・日本の会社法』商事法務，2015年。
神田秀樹『会社法』弘文堂，2024年。
丹野勲『アジアフロンティア地域の制度と国際経営』文眞堂，2010年。
丹野勲『国際・歴史比較経営と企業論』泉文堂，2021年。
前田庸『会社法入門』有斐閣，2018年。

第3章

グローバルなトップマネジメントとコーポレートガバナンス論

Summary　本章では、トップマネジメントの構造について、日本、ドイツ、アメリカを中心として、その特徴について国際比較の視点から考察する。特に日本は、2006年に施行された会社法による株式会社の機関について、詳しく説明する。さらに、株式会社が大規模化し、資本が巨額になると、株式所有の分散による大株主の減少と専門経営者が出現することについて説明する。

　また、コーポレートガバナンス（企業統治）とは何か。さらに、その理論について、株主主権論と従業員主権論をとり上げて議論する。

3-1　トップマネジメントと所有構造

　トップマネジメント（top management）の制度・構造は、株式会社制度の場合、ほとんどの国が**取締役会**（執行役会がある国もある）、**株主総会**、**監査役会**（監査委員会という名称の国もある）などをトップマネジメントの機関としている。ただし、その制度は、世界の国により若干相違がある。

　グローバルな視点で**コーポレートガバナンス**（corporate governance：**企業統治**）をみると、トップマネジメントの各機関のパワーや構造が国により微妙に相違している。また、取締役の選任については、株主総会で選任される国や、監査役会で選任される国がある。

　取締役の経歴については、取締役のほとんどが企業内部の出身か、または親

会社・関連会社出身のいわゆる**社内（内部）取締役**であるケースと，かなりの割合で内部出身以外の取締役である**社外（外部）取締役**を置いているケースがある。また，取締役は，企業内部の昇進による**内部昇進取締役**と，企業の外部の人材を登用した取締役のケースがある。

　企業が大規模化し，経済が発展するにつれて，株主構造が個人・家族を中心とした構造から，法人，機関や投資家などによる所有に移行し，**所有と経営の分離**が進展するという動きは，グローバルにみてもほぼ同様である。

　ただし，国により，大企業においても所有形態が**個人・家族所有**の傾向が強い国が存在する。個人・家族所有といっても，直接出資するのではなく，持株会社を通しての間接投資という形態での支配という形もある。ケースとしては，アジアでは，東南アジアの企業，特に華僑・華人企業で典型的にみられる支配構造である。また，ヨーロッパ，特にドイツ，フランスにおいては，大企業においても同族企業の比重が高い傾向にある[1]。所有と経営の分離は，同じ程度の経済的発展レベルの国であっても，その進展が相違している。

　私企業以外の企業形態として，中国・ベトナム等の社会主義国のみならず資本主義国においても，国営・公営企業，協同組合企業が多く存在している。現在，**国営・公営企業の民営化**の動きが，社会主義国だけではなく資本主義諸国でも共通する世界的趨勢となっていることは注目される。

3−1−1　アメリカのトップマネジメントと所有構造

　アメリカの場合は，株主総会によって選任された取締役会（board of directors）が，会社の業務執行をおこなう機関として法律上定められているが，現実には，取締役会によって選任された**最高経営責任者**（CEO：Chief Executive Officer）を代表とする**経営（執行）委員会**（executive committee）が業務執行を担当する形が一般的である。図3−1は，アメリカの代表的なトップマネジメント構造である。

第3章　グローバルなトップマネジメントとコーポレートガバナンス論

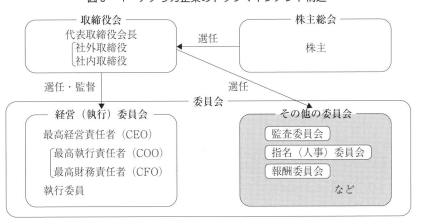

図3-1　アメリカ企業のトップマネジメント構造

　取締役会は，実質的には株主の意向を反映して，経営委員会をモニタリングし監督するという機能を果たしている。取締役は，会社の内部から選任された社内取締役と，かなりの割合で存在する会社外部の人材から登用する**社外取締役**によって構成される。

　経営委員会代表としての**最高経営責任者**（CEO）は，代表取締役会長を兼任する場合が多い。経営（執行）委員会のメンバーについては，取締役であるケースとそうでないケースがある。また，経営（執行）委員会は，最高経営責任者を代表として，**最高執行責任者**（COO：Chief Operation Officer），**最高財務責任者**（CFO：Chief Financial Officer）など会社の各業務の責任者から構成されている。アメリカは，この経営（執行）委員会が，トップマネジメントの業務執行機関として機能している。

　そのほか，取締役会から選任される，監査委員会，指名（人事）委員会，報酬委員会などの各種委員会が設置されている。**監査委員会**は，会社の財務・会計を監査する，重要な委員会である。**指名（人事）委員会**は，経営者の候補者を選び，会社の人事全般の助言をおこなう。**報酬委員会**は，経営者の報酬を決める委員会である。そのほかに，各種委員会を設置している企業が多い。

　以上のようなアメリカのトップマネジメント構造は，英国をはじめいわゆる

アングロサクソン諸国で多くみられることから，**アングロサクソンモデル**とよぶこともできよう。このモデルは，グローバルで大きな影響力をもっている。

アメリカの大企業では，所有と経営の分離が進展しているが，株主の力が相対的に強く，企業経営においても**株主の利益を最大化する行動**をとりやすい。アメリカでは，**年金基金**，**投資信託**，**各種ファンド**などの**機関投資家**による株式保有割合が高く，これらの機関投資家は，どちらかというと短期的視点で自己の利益の最大化すること，すなわちそのポートフォリオからの収益を最大化するという行動を志向する傾向がある。アメリカの機関投資家は，近年，年金基金などで変化もみられるものの，長期的に株式を保有し，安定株主として会社の経営をみつめるという意識はやや希薄である。

3-1-2　ドイツのトップマネジメントと所有構造

ドイツの場合は，他の国と比較して監査役会の権限が強い。

図3-2は，ドイツ大企業の代表的なトップマネジメント構造である。

図3-2　ドイツ企業のトップマネジメント構造

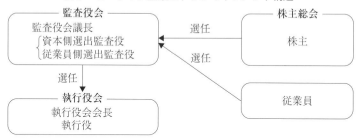

大会社については，監査役会の半数を従業員代表として従業員が選任するという**経営参加**の形となっている。さらに，**監査役会**（Aufsichtsrat）は，執行役を選任する権限をもち，**執行役会**（Vorstand）は実質的に，経営の業務執行を担う機関として位置づけられている。また，執行役と監査役の兼任は認められない。ドイツでは，業務執行機関としての執行役会と監査機関としての監査役会を明確に分離して，別個の機関とするシステムである。

以上のような，ドイツの経営参加は，法律により明確に制度化されており，世界的にみても注目すべき経営参加の制度である。

ドイツでは，このような監査役会に従業員代表が参加するという**経営参加**の制度が，1951年に制定された石炭・鉄鋼共同決定法，1952年に設定された経営組織法に始まり，1976年に制定された**共同決定法**により確立された。共同決定法では，2,000人以上の従業員を雇用する株式会社，株式合資会社，有限会社などにおいて，資本側代表としての経営者，従業員代表としての一般従業員・中間管理者・労働組合代表は，資本側と従業員側が同数の代表を出すことにより監査役会を構成する。

以上のようなドイツの監査役会における経営参加は，ドイツをはじめ，オランダ，デンマーク，ルクセンブルグ，ノルウェー，スウェーデンで導入されている。このような監査役会における経営参加を中心としたトップマネジメント構造を，**ドイツモデル**とよぶこともできよう。

さらに，ドイツの経営参加には**事業所における経営参加**もある。事業所における経営参加は，従業員と経営者が事業所協議会を通して共同決定する制度である。すなわち，経営参加では，勤務時間，福利厚生，賃金などの労働条件に関する提案権，採用，配置転換などに関する同意権，作業場所の設計，作業手順，作業範囲などに関する協議権，解雇などに関する意見表明権，雇用計画に関する情報共有権などがある。提案権，同意権の2つは，従業員の同意が必要とされる点で共同決定事項であり，その他は協力事項である。

ドイツにおいても，主に大銀行を中心として，大手企業の株式所有がおこなわれている。ドイツでは，ドイツ銀行などの大銀行が，**メインバンク**として，役員派遣，経営モニタリング・コンサルティング，保険機能などの広範な機能を果たしており，金融機関と企業とは相互に密接な関係が存在する。ただし，近年，ドイツのこのような銀行による株式保有が崩れてきている傾向もある。

3-1-3 日本のトップマネジメントと所有構造

日本の場合は，アメリカのような経営執行委員会がなく，**取締役会**が，実質

的に業務執行機関である形が一般的であった。図3－3は，日本企業の従来のトップマネジメント構造である。日本企業は，アメリカの場合と同じく，取締役は**株主総会**で選任される。取締役は，会社の内部の人材を登用する**社内取締役**がほとんどで，いわゆる**社外取締役**は少ない。

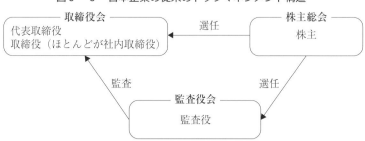

図3－3　日本企業の従来のトップマネジメント構造

日本では，業務執行機関である取締役会をモニタリング，監督するトップマネジメント機関として，**監査役会**にその役目が期待される制度となっている。監査役は株主総会で選出する。しかし現実には，監査役の多くが企業内部出身の監査役であること，監査役の社内ランクが低いこと，さらに監査役が名誉職的な地位にあることなどにより，監査役会が取締役会をモニタリングし監督する機能を果たしにくい構造となっている。

ただし，2002年に商法が改正され，**委員会等設置会社**規定が導入され，大会社はアメリカ型の経営機構を選択できるようになった。委員会等設置会社には，取締役会の内部に**指名委員会**，**監査委員会**，**報酬委員会**という3つの委員会を設置するとともに，業務執行の担当者である**執行役**を置かなければならず，監査役を廃止した。取締役会の意思決定権限は執行役に大幅に委譲することが認められている。3つの各委員会構成員の過半数は，社外取締役でなければならない。このような経営（執行役が担当）と監督（取締役会が担当）とを分離することで，効率的な経営を実現することが期待されている。

ソニー，日立，トヨタ，キヤノンなどの日本のかなりの大企業では，委員会等設置会社に移行している。

第3章　グローバルなトップマネジメントとコーポレートガバナンス論

　2006年に施行された会社法では，会社のトップマネジメント，経営機関について大幅な改正が実施された。この会社法による会社の機関については，次節で詳しく説明する。

　日本の大企業では，所有と経営の分離は進展しているが，グループの企業が長期的な取引関係にある他の企業の株式を保有する**株式の相互持ち合い**がかなり存在していた。また，銀行や保険会社といった金融機関が，そのグループ企業や長期的な取引先の企業の株式を所有することもおこなわれていた。特に大銀行は，**メインバンク**として長期的に資金の貸付を通じて，企業をモニタリング，監視する役割を果たしてきた。このような法人所有の形態は，どちらかというと長期的視点に立った投資であり，安定株主という傾向があった。しかし近年，このような株式の相互持ち合い，法人所有，金融機関による株式所有といった構造が崩れてきている。

　日本上場企業の所有者別持株比率の推移をみると，近年，金融機関の比率が急速に低下し，外国人の割合が増加している。金融機関が，法人所有，株式の相互持ち合いの主要な担い手であったことを考えると，このような金融機関による持株比率の低下は，株式の持ち合いが崩れてきていることを象徴している。

　また，外国人の持株比率が増えたため，外国人大株主の企業経営への影響・関与が強くなり，外国人によるM&Aも増えている。

3−2　会社の機関

　会社法では，会社の機関として必ず置かなければならないのは**株主総会**と**取締役**のみで，それ以外の機関は，公開会社と非公開会社，大会社と小会社の区分によりオプションとして規定されている，自由度の高いものとなった。すなわち，株式会社では，会社法で規定された会社機関の組み合わせのオプションの中から自由に選択できるようになった。

　たとえば，公開会社で大会社の場合は，株主総会，取締役会，監査役会，会計監査人という会社機関の会社，または，株主総会，取締役会，3委員会（指

名委員会，監査委員会，報酬委員会），会計監査人という会社機関の会社という2つのパターンがある。**表3－1**は，会社法による株式会社の機関に関して，公開会社と非公開会社，大会社と小会社の区分により，会社機関設置のパターンをあらわしたものである。

表3－1　会社法による株式会社の機関

	大会社	大会社以外の会社
公開会社	取締役会＋監査役会＋会計監査人 取締役会＋3委員会等＋会計監査人	取締役会＋監査役（会） 取締役会＋監査役（会）＋会計監査人 取締役会＋3委員会等＋会計監査人
非公開会社	取締役（会）＋監査役（会）＋会計監査人 取締役会＋3委員会等＋会計監査人	取締役 取締役（会）＋監査役（会） 取締役（会）＋監査役（会）＋会計監査人 取締役会＋3委員会等＋会計監査人 取締役会＋会計参与

（注）　3委員会等とは，委員会設置会社における指名委員会，監査委員会，報酬委員会のことである。

3－2－1　株主総会

　株主の総意によって会社の最高意思決定をする機関が**株主総会**である。株主は，原則として**1株1票の議決権**をもつ株主総会に参加し，議決権を行使することができる。株主総会の，法律上の決議事項として以下がある。
① 　取締役・監査役などの機関の選任・解任に関する事項
② 　会社の基礎の根本的変動に関する事項（定款変更，資本減少，合併・会社分割，解散等）
③ 　株主の重要な利益に関する事項（利益処分・損出の処理，自己株式の買い受け，第三者に対する新株・新株予約権の有利発行等）
④ 　取締役にゆだねたのでは株主の利益が害されるおそれのある事項（取締役の報酬の決定等）

　それ以外の事項の決定については，取締役会にゆだねられる。ただし，定款

で定めれば，これ以外の事項を株主総会で決定する権限とすることができる。

3－2－2 取締役，取締役会

　会社の経営をおこなうのが，**取締役**である。取締役の全員で**取締役会**を構成する。株主総会が取締役を選任する。会社を対外的に代表するのが**代表取締役**である。一般的に，代表取締役は会長，社長，副社長クラスである。

　日本では，取締役の多くは会社の従業員の中から，出世していった，いわゆる**内部昇進取締役**である。**社外取締役**は，少ない傾向であった。

　日本で，重役とよばれるのが取締役である。取締役には，会長，社長，副社長，専務，常務，平取締役のようなランクがあるのが通常である。かつては，日本の大会社では，取締役の数が30名，40名といった多くの取締役がいた会社も多かったが，近年，その取締役の数が減ってきている。その理由は，後述する**執行役員制度**や委員会設置会社の導入である。

　日本では，本部長，部長，支店長，工場長といった部門管理職と兼任の取締役も多い。

　公開会社における取締役会の重要な決定事項は以下である。

① 　重要な財産の処分および譲受け。多額の借財。
② 　支配人，その他重要な使用人の選任，解任。
③ 　支店，その他の重要な組織の設置，変更，廃止。
④ 　株主総会の招集。
⑤ 　代表取締役の選定・解職。
⑥ 　新株の発行。
⑦ 　株式の分割。

　大企業で取締役の数が数十名という場合，頻繁に取締役会を開催することはむずかしい。取締役会は，法的に議事録の公開義務がある。このような事情から，大企業では，現実には取締役会は形骸化しており，常務会等が実質的に重要事項を協議，決定している企業も多い。会社によっては経営委員会，最高経営会議などの名称が使われている。

3-2-3 監査役，監査役会

　株式会社の監査をおこなう機関が，**監査役，監査役会**である。会社法では，監査役の設置は公開会社を除いて任意となった。

　監査役，監査役会は，取締役の業務執行を監督する機関である。監査役は，株主総会で選任する。

　従来から日本では，監査役制度はあまり機能していないといわれている。それは，監査役の多くが企業内部の出身であること，監査役の社内ランクが低く，取締役会を監査する力が弱いからである。

3-2-4 委員会設置会社（3委員会），執行役設置会社

　監査役（会）を置かず，取締役会，執行役，および**3委員会**（指名委員会，監査委員会，報酬委員会）から構成される会社が**委員会設置会社**である。2002年から施行された改正商法で，委員会設置会社では，執行役の制度が法制化された。この委員会設置会社は，前述した**アングロサクソンモデル**としてのアメリカの経営（執行）委員会を見習ったトップマネジメント構造である。執行役制度の導入により，執行役員から構成される執行委員会が会社の業務をおこない，取締役会は執行委員会を監視するという役割分担をするという制度である。図3－4は，委員会設置会社の機関をあらわしたものである。

　執行役，および代表執行役は，取締役会により選任される。**執行役**は，取締役会で選任される会社の業務執行の責任者である。執行役の中で，会社を代表する権限をもつのが，**代表執行役**である。取締役によって構成される指名委員会，監査委員会，報酬委員会の3委員会は，取締役は3人以上で，かつ過半数は**社外取締役**でなければならない。**指名委員会**は，取締役や会長・社長などの候補者を決める機関である。**監査委員会**は，取締役や執行役の業務を監査し，会計監査人の候補者を決める機関である。**報酬委員会**は，取締役や執行役の報酬を決定する機関である。

第3章　グローバルなトップマネジメントとコーポレートガバナンス論

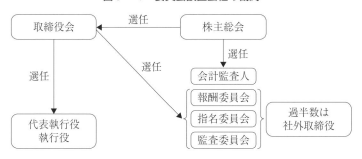

図3-4　委員会設置会社の機関

3-3　所有と経営の分離と経営者支配

1932年にアメリカのバーリ（Berle. A. A.）とミーンズ（Means. G. C.）が，**経営者支配**とよんだことにより，その概念は確立した。経営者支配とは，
① 株式所有の分散により，大株主が少なくなること，
② 企業経営の複雑化・専門化により，株式をほとんど所有していない専門経営者が事実上経営権を握ること，
である。このような現象は，経済発展するとグローバルにみられるとした。

経済が発展し，株式会社が大規模化し，資本金が巨額になるにつれて，株主数が増大する。それにともない，株主の多くが小株主化し，発行株式の過半数以上を所有する大株主が少なくなっていく。また，株主の大部分が，値上がり利益を目的とし，経営に関心をもたない株主（このような株主を**無機能株主**という）が増えてくる。このように，企業は大規模化すると，**株式所有の分散による大株主の消滅**という現象が生ずる。

さらに，株式会社が大規模化し，経営が高度に専門化してくると，**テクノクラート**（高度な知識・技能・技術をもつ専門家・官僚）としての経営者の発言力が増大する。自分ではほとんど株式を所有しない経営者が，大株主の減少，および経営に関心をもたない零細株主から委任状を集めることによって株主総会が無機能化し，株式総会を事実上支配し，**専門経営者**が事実上経営権を握るよう

になる。

以上から、企業の所有者・大株主ではない、専門経営者による支配という**所有と経営の分離**という現象が生ずる。これは、グローバルにみられる。

3-4　コーポレートガバナンス

3-4-1　コーポレートガバナンスとは何か

企業の株主、会社機関（取締役会、監査役会など）、従業員などの権限・権力関係、統制、牽制（けんせい）、調整に関する考え方が、**コーポレートガバナンス（企業統治）**である。すなわち、**企業の主権者による統治のあり方**である。

それでは、企業の主権者、別のことばでいえば企業は誰のものなのであろうか。代表的考え方として、株主主権論と従業員主権論の2つがある。

3-4-2　会社は株主のものである──株主主権論

第1は、企業は**株主**のものであるという考え方である。企業は株主のものというのは、会社の資本を所有しているのが株主であるという点で、きわめて常識的である。経済学の理論や法律の会社法では、暗黙の了解として会社の所有者は株主、すなわち会社の主権者は株主と仮定している。会社は**資本の集まり**であるから、資本を所有している株主が会社の主権者であることになる。**株主主権論**は、私的所有による正当性であるといえよう。

日本の会社法では、株主の集まる機関である株主総会が最高意思決定機関であるとしている。さらに、株主は、議決権を行使することにより会社を支配する。会社法でいう「**社員**」は、**株主**をあらわしているのである。以上のように、会社法では、株主こそが会社の主権者である。

会社は株主のものであるとすると、企業は株主の利益をまず第1に考えて経営するという、株主利益最大化が望ましいということになる。**アメリカ型コーポレートガバナンス**は、株主の利益を最優先とした、いわゆる**資本の論理**にもとづいた考え方が強い。グローバルにみても、この傾向が強くなっている。

3-4-3 会社は従業員のものである——従業員主権論

第2は，企業は，従業員のものであるという考え方である。この考え方を，伊丹[2]は，**従業員主権論**であるといっている。

企業は，資本の集まりであるが，また**人の集まり**でもある。このように，企業を人の結合体，組織体と考えれば，従業員，特に正規従業員のような中核従業員が企業の内部者であることは常識的に理解できる。だからこそ，従業員のことを社員とよぶ慣行が生まれたのである。

従業員主権論は，**組織体への参加とコミットメントによる正当性**である。この考え方は，企業を経済共同体とみなし，それへの積極的参加とコミットメント，その共同体のために貢献していることを，権力の正当性の根拠とする。いわば，参加による権力の正当性である。この従業員主権論は，国家の主権論を論拠にしている。国家の統治権力に関して，民主主義の国では主権在民である。つまり，国民が権力をもち，1人1票をもち，国民が統治の主体である。それは，国民が市民権や国籍をもち，参加とコミットしているから，国民が権力をもつという考え方である。つまり，この主権在民の考え方は，コーポレートガバナンスの主権論について，従業員の権力に正当性を認める考え方に似ている。

3-4-4 株主主権論と従業員主権論

会社は，**資本の結合体**であると同時に，**人の結合体**としての組織体であるとすると，会社は誰のものかという会社の主権論を考える場合，**資本と人**という2つの側面がともに重要である。

会社は株主のものという会社主権論は，企業の資本を株主が所有するという私的所有にもとづくものである。この点では，会社主権論は正しい。ただし，問題は，企業は資本の提供者としての株主の利益を最優先するという**資本の論理**だけでよいかということである。

日本企業は，国際的にみても，近年変わりつつあるが，長期雇用，会社への一体感・愛社精神に代表されるように，従業員の共同体意識は強い。日本では，

企業は人の結合体としての組織体，共同体なのである。従業員主権論は，このような人の組織体としての従業員の主権を重視する立場である。

結局，企業は資本と人の結合体である限り，株主主権と従業員主権がともに重要である。すなわち，従業員主権を無視した株主主権はありえないだろうし，株主主権を無視した従業員主権はありえないのである。むしろ，株主主権と従業員主権は，利害対立しながらも，ともに重視することが会社の発展につながるのである。この考え方は，グローバルにみても当てはまるであろう。

(注)
⑴　吉森賢『日本の経営・欧米の経営』放送大学教育振興会，1996年，p.22。
⑵　伊丹敬之『日本型コーポレートガバナンス』日本経済新聞社，2000年。

(参考文献)
伊丹敬之『日本型コーポレートガバナンス』日本経済新聞社，2000年。
菊池敏夫，平田光弘編著『企業統治の国際比較』文眞堂，2000年。
佐久間信夫，出見世信之編著『アジアのコーポレート・ガバナンス改革』白桃書房，2014年。
丹野勲『アジアフロンティア地域の制度と国際経営』文眞堂，2010年。
丹野勲『国際・歴史比較経営と企業論』泉文堂，2021年。
吉森賢，齋藤正章『コーポレート・ガバナンス』放送大学教育振興会，2009年。

第4章

グローバルな株式と資金調達

Summary　本章では，企業の資金調達で最も重要である株式，社債，資金調達についてグローバルな視点から考察する。まず，株式とは何かについて述べ株式の種類として普通株，議決権制限株式，優先株，劣後株などについて説明する。また，新株の発行，株式の上場について考察する。さらに，日本の株式市場について説明する。
　社債については，社債とは何か，無担保社債と担保付社債，普通社債と新株予約権付社債，内国債と外国債について考察する。資金調達については，直接金融と間接金融，日本の特徴であったメインバンクシステムについて議論する。

4-1　株式とは何か

4-1-1　株式とは

　資本の単位で，証券化したものが**株式**（stock）である。公開会社の場合，原則として，株式は証券市場を通して自由に譲渡できるし，購入することもできる。株主は，株式を通じて会社の一部を所有していることになる。
　株式には，株式の価格が明記されている**額面株式**と，株式の価格が明記されていない**無額面株式**とがあった。額面株式は，1株当たり，50円，500円，5,000円の価格が一般的であった。しかし，現在，日本ではこのような額面株式が廃止され，無額面株式となっている。株式には，以下のような**株主の権利**がある。これは，グローバルにみてもほぼ同様である。

第1は、**議決権**である。株式会社の場合、普通株を所有する株主は、株主総会で意思決定を行使することのできる議決権をもっている。

第2は、**配当権**である。株主は、会社が利益を出した場合、利益の株主への還元として配当を受け取ることのできる配当権をもっている。ただし、会社の利益が少ない場合や赤字の場合、無配当ということもありうる。

第3は、**株主代表訴訟権**である。株主は、原則として株主の利益に反するような行為をした場合、会社や取締役を裁判所に訴えることのできる権利をもっている。

4-1-2　1株1議決権の原則

株式会社の株主は、株主総会において、その有する株式1株につき1つの議決権を有することを、**1株1議決権の原則**という。グローバルにみても、株式会社のこの原則は、ほぼ同様である。

たとえば、A氏が会社の株式の51%を所有しているとすると、株主総会の議決権の51%をもっていることになる。すると、A氏は、理論的には株主総会で決定する会社の重要な意思決定を単独でおこなえることになる。

このように、会社の株式を過半数、または多数所有すると、会社を実質的に支配することが可能となる。最近、企業の株式を株式市場や公開買付け（TOB）などで取得する、企業買収がグローバルに増加している。

一方、協同組合や合同会社では、1株1議決権の原則ではなく、**株主1名に対して1票の議決権がある**という形態である。すなわち出資額にかかわらず、平等な議決権をもつのである。

4-1-3　議決権制限株式

一般的には、前述したように株主は議決権を行使することができるが、この議決権を制限する株式があり、これを**議決権制限株式**という。

議決権制限株式には、すべての事項について議決権を有しない**完全無議決権株式**と、一定の事項についてのみ議決権を有する**一部議決権制限株式**がある。

4-1-4　優先株と劣後株

株式は，剰余金の配当または残余財産の分配の観点から，以下の３つに分類することができる。

優先株式は，他の株式に優先して利益配当などを受ける権利のある株式をいう。**劣後株式**は，他の株式より遅れてしか利益配当などを受け取ることができない株式をいう。**普通株式**は，利益配分などの標準となる株式をいう。

4-2　株式の発行

4-2-1　新株の発行

新しい株式を発行して，**増資**（資本金の増加）して資金を調達する主要な方法として以下の３つがある。これは，グローバルにみてもほぼ同様である。

4-2-2　株主割当てによる新株発行

既存の株主に対して，その持株数に応じて新株の割当てを受ける権利をあたえておこなう新株発行が，**株主割当てによる増資**である。通常は，新株の発行価格は株式の時価より低いことが多い。

たとえば，ある株主がA社の株式を1,000株所有し，その株価（時価）は1,000円であるとしよう。A社は，1,000株当たり100株，発行価格は800円で株主割当てによる新株発行を決定した。その場合株主は，新株を時価より200円安い価格で，100株を手に入れることができることになる。

4-2-3　第三者割当てによる新株発行

特定の株主や株主以外の第三者に，新株を引き受けて購入してもらう新株発行が**第三者割当てによる増資**である。第三者割当てによる新株発行は，会社の再建，安定株主対策，買収の防止対策，買収の防衛策，他社との関係強化などの目的がある。

たとえば，A電器が新株発行にあたり，メインバンクの銀行と同じ企業グループのC自動車に，新株を引き受けてもらうような場合である。

4－2－4　公募による新株発行

新株の購入を募集し，応募した者に新株を割当てるのが**公募による増資**である。近年，公募による増資が急速に普及し，新株発行で最も多い方法となっている。公募による新株は，株式の時価に近い価格で新株を発行する**時価発行**が一般的である。

4－2－5　新株予約権による株式の発行

将来において，新株を購入する権利を**新株予約権**という。現時点で，将来に，いくらの価格で，何株購入できるという権利である。実際に，ある時期に，新株予約権を行使すると，**新株予約権による新株の発行**となる。

たとえば，A社は2025年1月にB氏に対して，2030年1月に1株1,000円で，発行株式の5％の新株予約権をあたえたとしよう。B氏は，2030年1月に，このような条件でA社の株式を購入することができる。しかし，A社の株式の時価が，その時点で，1株700円に下落してしまったという場合，B氏は新株予約権を行使せず，購入しないこともできる。

新株予約権は，以下の目的で利用される。

第1は，将来の**企業買収を防ぐ**手段としてである。新株予約権を，あらかじめ一定の価格（通常安い価格）である特定の株主にあたえておくことにより，もし会社が買収されそうな場合でも，買収を困難にさせるのである。新株予約権を行使すると，新株予約権による増資となり，買収側の持株比率は低下するので，これは買収の対抗策になるし，買収の抑止力にもなる。

第2は，資金調達の手段としてである。新株予約権を行使すると，**新株予約権による新株の発行**となり，自己資金を調達することができる。

第3は，**ストック・オプション**（stock option）の利用である。ストック・オプションとは，会社の経営者などに対して，新株予約権をあたえることをいう。

ストック・オプションは，経営者に対する報酬，モチベーションを高める目的で，欧米等でさかんにおこなわれており，日本でも使われるようになった。

4-2-6 自己株式の取得

会社が，自分の会社の株式を取得することを**自己株式の取得**という。日本では，2001年の商法の改正以前は，自己株式の取得は認められていなかったが，この商法改正で原則として認められるようになった。会社法では，自己株式の取得の条件が緩和され，さらに自己株式の取得がしやすくなった。

自己株式を取得するのは，株価を下支えすること，および他社による買収を防ぐこと，などが主な目的である。

たとえば，A社が自社の発行済み株式を10％所有する，自己株式の取得をおこなったとしよう。A社は，自社の10％分の株式をもつ大株主となると，残りの90％の株式が外部の株主ということになる。そのため，A社に対する他社からの買収ができにくくなる。また，株式市場での流通株式が減ることにより，株価の維持にもなる。

自己株式の取得では，自社の業績が良く，株価が高い場合は，資産価値も高く，自己株を売却してもかなりの売却利益を確保できる。しかし，自己株式の取得の最大のリスクは，自社の業績が悪く，株価が低い場合に，資産価値が下がり，自己株を売却しても売却損になるという問題である。

4-3 株式の上場と証券市場

4-3-1 株式の上場

会社の株式が，各国の**証券取引所**などで正式に売買されるようになることを**上場**(じょうじょう)という。会社の株式を上場するためには，会社が上場の申請をして，証券取引所が定める各種の上場基準をクリアしなければならない。株式を上場している企業を**上場企業**という。日本の証券取引所での上場企業の株取引のかなりを，外国人投資家が占めている。

各国の証券取引所の上場基準をクリアすれば、日本企業が海外の証券取引所へ上場すること、または、海外企業が日本の証券取引所へ上場することは、原則として可能である。このように、世界の証券取引所がグローバル化している。

4-3-2　上場のメリット

会社が上場するメリットとして以下の3つがある。

第1は、**証券市場からの資金調達**が可能となり、より資金調達の範囲が広がることである。新株発行による増資などにより、証券市場から巨額な資金をグローバルに調達する道が開かれることになる。

第2は、上場企業になると、**社会的信用**が高まることである。上場企業は、人材確保、販売、銀行からの借入などで有利となる。

第3は、会社が株式市場に上場し、市場価格がかなり高くなると、株式を所有している**株主は大きな利益**を得ることができるということである。特に、自社株を多く所有する創業者や、持株会を通して自社株を所有する従業員には、多くの利益をもたらす。

4-3-3　上場のデメリット

しかし、会社が上場すると以下のようなデメリットもある。

第1は、**買収される可能性**があることである。会社の株式を上場すると、原則として誰でも会社の株式を取得することができるようになるため、会社が望まない日本企業や海外企業などが、会社の株式を大量に取得し、会社を買収するという危険性が存在する。そのため、グローバルなレベルで、あえて上場しなかったり、上場を廃止し非公開会社にするというケースも生じている。

第2は、**経営が株価の変動に左右**されることである。株価があまりにも下がると、時価発行での公募増資がしにくくなる。投機的に株価が乱高下すると、会社の信用が損なわれることがある。短期的な株価の変動ばかりに気をとられて、会社が長期的視点で経営できにくい状況を生む可能性がある。

第3は、**創業者や有力株主の経営支配が薄れる**可能性があることである。上

場企業は，証券取引所の上場基準の規制のため，少数の大株主の持株比率が制限されている。創業者や有力株主は，上場するとこのような規制のため，場合によっては株式を手放さなければならず，経営支配を維持できなくなるのである。また，子会社を上場させるため，親会社はその株式を手放さなければならなくなる可能性がある。

4−3−4 日本の株式市場

日本の**証券取引所**には，東京証券取引所（日本取引所グループ），名古屋証券取引所，札幌証券取引所，福岡証券取引所の4カ所が存在する。東京，名古屋の証券取引所では，市場は3つに分けられている。東京証券取引所のプライム企業は，有力企業としての大企業が中心である。

表4−1は，各種証券取引所での上場会社数をあらわしたものである。

表4−1　各種証券取引所などの上場会社数

日本取引所グループ（JPX）	プライム スタンダード グロース	1643社 1592社 603社
名古屋証券取引所	プレミア メイン ネクスト	171社 100社 19社
福岡証券取引所	本則 Q-Board	86社 21社
札幌証券取引所	本則 アンビシャス	51社 11社
上場国内会社数		4297社

出所：「2025年1集　会社四季報」東洋経済新報社，2ページ

4−4　株式の公開買付け

不特定かつ多数の者に対し，公告（新聞や官報への掲載，インターネットなどの電子公告）により株式を買うという勧誘をおこない，証券市場外で株式の買付

けをおこなうことを，**株式の公開買付け**（Take Over Bid：**TOB**）という。株式の公開買付けは，他の会社を買収するための方法として，アメリカなどの先進国でおこなわれていたが，日本でも導入されるようになった。近年，日本企業の海外へのTOB，および，海外企業の日本企業へのTOBといった，グローバルなTOBによる企業買収が増加している。

株式の公開買付けでは，A社がB社の株を一定の期日までに，1株いくらで，発行株式の何パーセントを買い付けます，というような公告を出す。そして，期日までに目標の株式が集まれば，それらの株式を取得する。もし，目標に達しない場合は，一定期間延長するか，中止する。中止しても，応募した株式を買い取る義務はない。公開買付けの株式価格は，通常，時価より高めに設定して，株主が公募しやすくしている。このような株式の公開買付けは，株式市場で徐々に株式を取得した場合に比較して，株価の高騰や失敗のリスクが少ないので，買収側企業にとっては有利である。

4-5　社　　　債

4-5-1　社債とは何か

会社が，有価証券という債券を発行し，多数の公衆からお金を借りるという債権を**社債**（Corporate Bond）という。株式発行は自己資本であるのに対して，社債は他人資本である。そのため，社債は株式と違って，原則として，一定期間後に借り手にお金を返さなければならない。また，社債には，一定の利息が付く。グローバルにみても，大企業では，社債の発行は一般的となっている。

会社にとっては，社債は銀行などの金融機関以外の公衆から資金調達することが可能であるというメリットがある。すなわち，社債の発行によって国内のみならず，海外を含めた一般個人，法人，投資家，機関などから，多額の資金をグローバルに借り入れることができる。

投資家にとっては，社債は株式よりリスクが少ないというメリットがある。

会社法では，社債の発行は，株式会社のみならず，合名会社，合資会社，合

同会社，特例有限会社でも認められた。

社債は，以下のように分類することができる。

4−5−2　無担保社債と担保付社債

社債の返済確保のために，社債に担保が設定されているのが**担保付社債**である。社債に，担保が設定されていないのが**無担保社債**である。かつては，担保付社債が原則であったが，最近では，一定の条件で大手企業では無担保社債も認められるようになった。

1997年9月，ヤオハンジャパンは会社更生法を申請し，発行した無担保社債が事実上の**債務不履行**（デフォルト）となった。会社が破綻すると，無担保社債は，このよう危険性がある。海外でも，このような事例がある。

4−5−3　普通社債と新株予約権付社債

通常の社債が**普通社債**である。これに対して，会社の新株予約権がついている社債を**新株予約権付社債**という。

新株予約権とは，将来，新株を一定の条件で購入する権利をもつことである。投資家にとっての株予約権付社債のメリットは，ある時期に新株予約権を行使すると，株主になることができることである。一方，会社側にとってのこの社債のメリットは，新株予約権を付加する分だけ，低利で発行することができることである。また，新株予約権を行使すれば，資本も増強できる。

なお，新株予約権付社債には，新株予約権を行使したときに，社債が株式に転換されるタイプ（社債が新株に代わるので，新たな金銭的払い込みはない）と，社債はそのままで新たに新株をもつことができる（新株に対して金銭の払い込みが必要）タイプがある。

4−5−4　内国債と外国債

社債の募集地が国内の場合が，**内国債**である。社債の募集地が海外の場合が**外国債**である。外国債の額面額は，米ドルやユーロなどの外貨で表示される

ケースと，円建てで表示されるケースがある。

近年，日本の大企業は，グローバル化の進展にともない，外国で社債を募集するという外国債の発行を活発におこなっている。

4-6　資金調達

4-6-1　自己資本と他人資本

企業の資金調達は，まず自己資本と他人資本に分類される。**自己資本**とは，株式発行による払込金としての資本と内部留保（留保利益，剰余金）である。**他人資本**とは，借入金，社債，支払手形などの外部からの借金である。

企業の財務をはかる指標として，自己資本と他人資本を使った**自己資本比率**がよく用いられる。

$$自己資本比率 = \frac{自己資本}{使用総資本（=他人資本+自己資本）}$$

一般に，この比率が高いと健全で，低ければ不健全であるといわれる。

4-6-2　直接金融と間接金融

また，資金調達には直接金融と間接金融という分類もある。**直接金融**とは，株式および社債による資金調達をいう。**間接金融**とは，銀行などの金融機関からの借入による資金調達をいう。

日本の大企業は，第2次大戦後から1975年頃まで，資金調達において主に銀行からの融資による間接金融の比重がかなり高かった。その後，直接金融の比重が高くなってきている。

日本企業は，つい最近まで，**メインバンクシステム**とよばれる，取引銀行からの融資の比重が高かった。会社と銀行が，融資を通して密接な関係を保っていたのである。しかし，日本企業の資金調達が直接金融に移るにつれて，メインバンクシステムは，徐々に崩れてきている。

（参考文献）
江頭憲治郎『株式会社法』有斐閣，2024年。
河本一郎・川口恭弘『新・日本の会社法』商事法務，2015年。
岸田雅雄『ゼミナール会社法入門』日本経済新聞社，2006年。
龍田節『会社法入門』有斐閣，2018年。
丹野勲『国際・歴史比較経営と企業論』泉文堂，2021年。
宮島司『会社法』弘文堂，2023年。

第5章

グローバルな経営戦略

Summary　経営戦略論（Management Strategy）は，企業の将来の成長のために，どのような経営行動，戦略をおこなうべきかを研究する。そのアプローチは，産業組織論，財務論，マーケティング論など，広範囲な学問領域から成果を摂取し，きわめて多種多様な学説が提示されている。本章では，その中で特に経営戦略のロジック，論理に重点をおいている考えを中心にグローバルな視点から説明する。

具体的には，基本経営戦略として，市場浸透戦略，製品開発戦略，市場開発戦略，多角化戦略について説明する。また，経営戦略の理論として，PPM，ポーターの競争戦略，コア・コンピタンス，資源ベースの理論，企業文化論，ドメイン（事業領域）について議論する。

5-1　基本経営戦略

グローバルな経営戦略を分析する基礎として，**アンゾフ**（Ansoff, H. I.）による**基本経営戦略の概念**がある。アンゾフは，製品と市場から，経営戦略を4つに分類した。

表5-1は，アンゾフによる経営戦略の類型である。アンゾフは，市場浸透戦略，市場開発戦略，製品開発戦略の3つを，多角化と区別して，**拡大化の成長戦略**といっている。

表5-1　アンゾフによる経営戦略の類型

市場＼製品	現製品	新製品
現市場	市場浸透戦略	製品開発戦略
新市場	市場開発戦略	多角化戦略

出所：アンゾフ（広田寿亮訳）『企業戦略論』ダイヤモンド社，1969年，137ページ，一部修正

5－1－1　市場浸透戦略

　既存の製品で，市場占有率の増大をめざす成長戦略が**市場浸透戦略**である。代表的な市場浸透戦略として，価格政策，広告・販売促進政策がある。

　価格政策としては，製品価格を引き下げて，シェアを高めようとする戦略がある。特に，需要の価格弾力性が大きい製品の場合，製品価格の引き下げは有効である。グローバルでは，各国の水準を考慮した戦略も必要である。

　ここで**需要の価格弾力性**という概念が重要である。

　図5－1は，需要の価格弾力性が大きい製品のケースと小さいケースをあらわしたものである。需要の価格弾力性が大きいというのは，価格を引き下げると，需要が大きく増える需要曲線をいう。パソコン，スマホ，テレビ等の**コモディティ化**（一般化）した製品は，価格が下がるにつれて，販売台数が急拡大した。将来，ロボットなどもそうなるであろう。このような需要の価格弾力性が大きい製品の場合，価格を引き下げて，販売台数を増やして，シェアを拡大

図5－1　需要の価格弾力性

① 弾力性が大きい需要曲線　　② 弾力性が小さい需要曲線

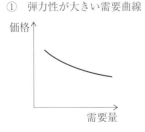
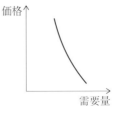

するという戦略も有効である。ただし，価格の引き下げには，利益率を低下させて，過当競争になるという危険性もあるので，この点の配慮も必要である。

一方，需要の価格弾力性が小さいというのは，価格を引き下げても，需要の変化が小さい需要曲線をいう。米，味噌，醤油などの基礎的食料品，ガソリン，電気などは，価格が下がっても需要はそう大きく変化しないであろう。

グローバルにみると，所得水準の低い国では，需要の価格弾力性は高い。それは，消費者が価格に対して敏感になりがちであるためである。

広告・販売促進政策も，市場浸透戦略として重要である。テレビ，ラジオ，新聞，雑誌，インターネットなどの媒体による広告，電車やバスの中吊り広告や駅張り広告，小売り店舗でのPOP広告，ダイレクトメールなどによる広告がある。販売促進政策として，キャンペーン，クーポン，会員カード，ポイントカード，景品，口コミ，懸賞，店頭での試供品の提供，SNSなどがある。

5-1-2　市場開発戦略

既存の製品で，新しい市場を開発する成長戦略が，**市場開発戦略**である。新しい市場としては，地域的拡大，新しい顧客層の開拓などが考えられる。

地域的拡大として，**国内販売地域の新たな開拓**がある。また，**海外進出や新たな海外市場の開拓**もある。日本のみで販売していた製品を海外に輸出したり，現地生産することにより，グローバル市場での販売を拡大するのである。

興味深いケースとして，新たな市場として海外が開拓された日本食がある。醤油，海苔，煎餅，そば，うどんなどの日本食の食材は，世界的な日本食ブームもあって世界中で販売されている。日本の固有文化といわれているものが，グローバルに市場拡大し，現地で受け入れられたケースである。

また，グローバルに注目されているのが，発展途上国の人口の多くを占める所得の最下層の市場に対する**BOP**（Base Of the economic Pyramid）ビジネスである。近年，経済成長が著しいBOP市場は，人口が多いが，所得水準が低いため，低価格品，新サービス，金融・流通・マーケティングなどの工夫が必要である。将来，BOP市場は拡大する可能性が高く，SDGsの視点からもグロー

バルな市場開発戦略が望まれる。

新しい顧客層の開拓として，たとえば，若者製品を熟年層へ，男性商品を女性市場へ，法人製品を一般消費者へ，などに拡大する戦略がある。新しい顧客層を開拓することで，製品の需要を拡大し，売り上げを増大させるのである。

5−1−3 製品開発戦略

既存市場に対して新製品を開発する戦略が，**製品開発戦略**である。現市場にまったく新しい製品を投入したり，現製品に代わる新しい製品を開発し，販売する戦略である。典型的なケースでは，自動車市場において従来にない新しい新型車を開発すること，および現型車を**モデルチェンジ**し，新しいデザインと性能をもつ新型車を開発することがある。日本の自動車メーカーは，海外企業に比較してかなり短い期間でフルモデルチェンジをおこなっている。日本企業は新製品を出すことで，新たな技術を導入し，品質を向上させ，既存の製品を陳腐化させることにより，グローバルに市場を拡大している。

また，**既存製品の製品ラインを拡大**するために，現市場を対象とした新製品を開発し販売するという製品開発戦略がある。このケースでは，乗用自動車の製品ラインを増やすための新型車の開発がある。たとえばトヨタは，小型車市場で「カローラ」や「ヤリス」の車台を基本とした多くの派生モデルをもっている。これは，同一の市場で，製品の種類を多くすることで，消費者に選択の幅を広げ，売り上げを伸ばそうとする製品開発戦略である。

グローバル戦略において，**特定の海外市場向けに新たな製品を開発**するという製品開発戦略もある。日本の自動車メーカーが，北米向け新型車，新興国向けの簡素で低価格の新型車を開発し，現地販売するケースである。

5−1−4 多角化戦略

新製品を新市場に販売する戦略が，**多角化戦略**である。多角化戦略には，現製品の技術に関連がある製品・事業への多角化，マーケティングに関連がある製品・事業への多角化，技術やマーケティングにあまり関連をもたない製品・

事業への多角化がある。既存の事業での経験、資源を生かした、シナジー効果の発揮できる分野での多角化が多い。

5-2 プロダクト・ポートフォリオ・マネジメント（PPM）

5-2-1 PPMとは何か

経営戦略の代表的な考え方に、ボストン・コンサルティング・グループが考案した**プロダクト・ポートフォリオ・マネジメント**（PPM：Product Portfolio Management）がある。この基本概念は、製品の市場成長率、相対的マーケット・シェア（市場占有率）であり、その指標から4つのセグメントに分ける。

図5-2は、PPMの考え方をあらわしたものである。

図5-2　PPMの経営戦略

「**金のなる木**（cash cow）」とは、相対的マーケット・シェアが高いが、市場成長率の低い製品をいう。この製品の特徴は、シェアの維持に必要な投資額をはるかに越える資金流入を得る傾向にある。いわば、企業の重要な収益源・資金源たる製品である。

「**花形**（star）」とは、高成長分野で、高い相対的マーケット・シェアを占めている製品である。一般的に、利益率が高く、資金流入量は大きい。だが、高い成長のため投資資金需要が多く必要とされるため、これを差し引くと必ずしも収益源になるとは限らない。市場成長率が鈍化したとき、その市場でトップの座を占めていれば再投資の必要性が減り、大きな収益源になる可能性がある。

「負け犬（dog）」とは，成長率が低く，相対的マーケット・シェアが低い製品である。一般的に収益性は低水準であり，景気変動などの外部要因によって利益率が大きく左右されやすいという安定感を欠く特徴をもっている。

「問題児（problem child）」とは，市場成長率の高い製品であるが，相対的マーケット・シェアが低い製品である。相対的マーケット・シェアが低いため，一般的に収益性は低い。この製品は，高成長のため現金流入量よりはるかに多くの投資を必要とする。先行投資を怠れば，他企業にシェアを奪われ，またシェアを維持できたとしても，市場が成熟期に入れば「負け犬」になる可能性が高い。

PPMの考え方の基本に，相対的マーケット・シェアが高い企業は，他の競争企業よりコストがより低いという仮定がある。すなわち，生産量が増えると，実質コストは低減するという仮説であり，このコストと生産量の関係を**経験曲線**（experience curve）とよんだ。なぜ生産量が増えると1個当たりのコストが低下するかというと，習熟効果，スケール効果，合理化投資，分業効果，技術革新，歩留り率向上などが考えられる。

5-2-2　PPMの戦略

次にこれらの概念から，**PPMの戦略的意義**を述べてみよう。

「金のなる木」は，企業で最も収益の上がる製品であり，そこでの収益によって資金需要の旺盛な他部門のために資金供給をおこなうことができる。このように，「金のなる木」をいかに多くもち，そこから生ずる資金を使っていかに多くの将来の「金のなる木」を育成するかが企業成功のカギとなるであろう。そのためには，「金のなる木」から生ずる資金を「問題児」に投入し，成長性の高いうちにそれを「花形」として育成するか，あるいは研究開発に投資して，直接「花形」をつくり出すかという2つの方法が考えられる。

「花形」製品は，相対的マーケット・シェアの維持，拡大が至上命令である。市場成長率が低くなったとき，「金のなる木」にならなければならない。相対的マーケット・シェアのために，市場成長率と同程度か，それ以上の資金配分

をしなければならない。

「**負け犬**」は，多少の現金流入があるが，将来性が乏しく，シェア拡大が困難な場合が多い。一般的にいって，「負け犬」の製品に多額の資金を注ぎ込むのは避けるべきであり，場合によっては撤退も考えられよう。

「**問題児**」への投資は，安易になされるべきではないが，将来「花形」になる可能性のある製品に対しては重点的投資が必要である。

5-2-3　PPMの評価と問題点

PPMは，各事業の戦略策定，資源配分のツールとして大企業で活用された。しかし，PPMには以下のような問題点がある。

第1は，PPMは，マトリックス内における**各事業の関連性**を考慮していない。たとえば，製鉄企業が多角化として半導体事業をおこなっているケースを考えてみよう。製鉄事業は一般的に成熟産業で「金のなる木」であり，半導体事業は成長産業で「問題児」であるとする。この場合，単純にPPMを活用すると，製鉄事業の資金を半導体事業に投入し，半導体事業を重点的に育成しようということになる。ここでの問題点は，半導体事業と製鉄事業との関連性，生産・技術・マーケティングなどのシナジー効果を無視していることである。

第2は，PPMの指標である**相対的マーケット・シェア**をどう決めるかにあいまいな点がある。すなわち，どの市場でのマーケット・シェアを指標とするのかである。国内市場でのマーケット・シェアなのか，グローバル市場でのマーケット・シェアなのかにより結果が相違する。また，どの事業・製品・顧客レベルでのマーケット・シェアをとるかである。

たとえば，アメリカのハーレーダビッドソン社のように，オートバイ事業というレベルでマーケット・シェアは低くても，マニア向けの大型バイクという**ニッチ（隙間）市場**に絞った狭い範囲市場でみればマーケット・シェアは高いということもありうる。

第3は，PPMは，生産量が増えると1個当たりのコストは低減するという**経験曲線**を仮定している。この考え方の基本に，相対的マーケット・シェアが

高い企業は,他の競争企業よりコストがより低いという仮定がある。しかし,経験曲線があてはまりにくい製品があるかもしれない。このような場合は,PPMが適用されにくい。

第4は,将来の市場成長率を予測することには**不確実性**がある。成熟産業の製品であっても,何らかの改良,新製品,イノベーションにより再び成長することもありうる。

たとえば,富士フイルムは,「チェキ」によってフィルムカメラ市場を再び拡大させた。

以上のような問題点を内在しているため,PPMはしだいに活用されなくなってきている。しかし,PPMは,各事業における戦略的課題を考える際の指針,各事業部への資金配分,投資決定を決める1つのツールとして評価されている。

5-3　ポーターの競争戦略

企業のグローバルな経営戦略についての代表的研究として,**ポーター**(Porter, M. E.)の競争戦略がある。

ポーターは,競争戦略において重要となる,業界の競争要因として**新規参入業者**,**売り手**(供給業者),**代替品**,**買い手**,**業界内での競争業者**という5つをあげている。図5-3は,この業界の5つの競争要因と,各要因の具体的内容をあらわしたものである。

さらにポーターは,競争のグローバルな基本戦略として,コストのリーダーシップ,差別化,集中の3つをあげている。表5-4は,彼の3つの基本戦略を示したものである。

第1の**コストのリーダーシップ**とは,コスト面で最優位に立とうとする基本戦略である。効率の良い規模の生産設備,経験曲線でのコストを優位にする戦略である。また,間接費,取引費用,マーケティング,貿易,開発,流通,調達などのコストを最小限にすることが必要である。すなわち,この戦略では,同業者より低コストを実現しようとするコスト優位をめざす戦略である。

第5章　グローバルな経営戦略

図5-3　ポーターによる業界の5つの競争要因と，各要因の具体的内容

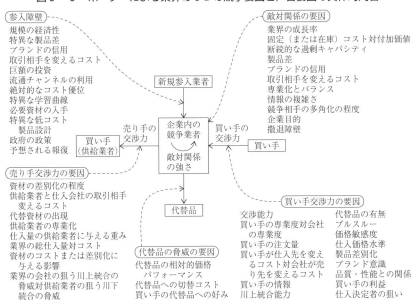

出所：ポーター（土岐坤他訳）『競争優位の戦略』ダイヤモンド社，1985年，9ページ

図5-4　ポーターによる基本戦略

基本戦略	必要な熟練と資源	必要な組織のあり方
コストのリーダーシップ戦略	長期投資と資金源探し，工程エンジニアリングの熟練。 労働力の綿密な監督。 製造を容易にする製品設計。 低コストの流通システム。	厳密なコスト統制。 コントロール報告は頻度多く詳細に。 組織と責任をはっきりさせる。 厳密に定量的目標を実現した場合の報奨制度。
差別化戦略	強力なマーケティング能力。 製品エンジニアリング，創造的直観。 基礎研究力。 高品質またはテクノロジー主導という評判。 業界の歴史が古くまたは他の事業経験からの熟練の独自の組合せ。 流通チャンネルからの強い協力。	R&D，製品開発，マーケティングのうまい調整。 定量的測定よりも主観的測定による報奨。 高熟練工，科学者や創造的人間をひきつける快適さ。
集中戦略	上記の政策を特定の戦略ターゲットに適合するように組み合わす。	上記の政策を特定の戦略ターゲットに適合するように組み合わす。

出所：ポーター（土岐坤他訳）『競争の戦略』ダイヤモンド社，1982年，63ページ

第2の**差別化戦略**とは，自社の製品やサービスを差別化して，グローバルな業界の中でも特異だとみられるような何かを創造しようとする戦略である。差別化戦略には，製品設計，ブランド，技術，品質，耐久性，デザイン，製品特徴，顧客サービス，販売チャネル，アフターサービスなどの差別化がある。

　第3の**集中戦略**とは，特定の買い手，製品の種類，特定の国際地域市場など，ある面に企業の資源を集中する戦略である。すなわち，特定のターゲットに絞ることにより，市場のニーズを十分満たすことができ，かつ差別化や低コストを実現しようとする戦略である。

　ポーターは，コストのリーダーシップ，差別化，集中の3つの基本戦略を実行するためには，それぞれ違った経営資源や熟練が必要であり，さらに組織のあり方も違うだろうと考えた。

5-4　資源ベースの経営戦略論

　最近注目されている理論に，**資源ベース**（resource-based view）**の経営戦略論**がある。この理論は，**企業の経営資源**に焦点をあて，この資源の認識，活用，獲得が経営戦略にとって重要であることを強調している。

5-4-1　コア・コンピタンス

　経営戦略論において，**コア・コンピタンス**（core competence）という概念が注目されている。コア・コンピタンスとは，企業の核となるような競争能力で，学習により積み重ねた独自のスキルや技術などの有形，無形の経営資源である。コア・コンピタンスは，顧客に利益をもたらす競争能力であり，競合他社との差別化をもたらすグローバルな競争能力であり，さらに新製品市場への参入の基礎となるような企業力を発揮できるものでなければならない。

　たとえば，ホンダはエンジンについてのスキルがコア・コンピタンスであると考えた。このホンダのエンジンの良さという利益を顧客は手に入れることができ，このエンジンが他社との差別化になった。また，ホンダはエンジンのス

キルというコア・コンピタンスをもとに，二輪車，自動車，スポーツカー，発電機，航空機（ホンダジェット）へとグローバルに事業展開していった。

以上のようなコア・コンピタンスを軸に，企業の戦略として，事業の選択と集中が必要であろう。**事業の選択と集中**とは，国際的な競争が増している環境下にあって，企業はコア・コンピタンスを核とした競争力のある事業に集中し，コア・コンピタンスにもとづかない競争力のない事業については必要な場合撤退を含めて検討する必要があるという考え方である。ただし選択と集中といっても，企業のコア・コンピタンスは何かについては不確実性があり，また多くの事業を展開している企業の場合，コア・コンピタンスが多く存在することも考えられ，安易に事業を撤退することは慎むべきであろう。

5-4-2 資源ベースの理論

コリス（Collis, D. J.）とモンゴメリー（Montgomery, C. A.）は，資源ベースの経営戦略論を発展させた。彼らによると，資源ベース理論の前提は，企業はそれぞれ資源の独自の束（組み合わせ）を保有しており，各企業はそれが根本的に異なるというものである。資源ベース理論では，資源がグローバルな競争優位を持続可能にするというのが基本的考え方である。

5-4-3 経営資源とは何か

資源ベース理論では，**経営資源の形態**として，以下の3つをあげている。

第1は，**有形資産**（tangible asset）である。不動産，生産設備，現金などの，企業のバランスシートに表記されている資産である。たとえば，電話線網やケーブルテレビのケーブル網，スマホの通信網という資産を所有すること，最先端の機械の生産設備をもつことは，競争優位の源泉となるであろう。

第2は，**無形資産**（intangible asset）である。会社の評判，ブランドネーム，文化，技術的知識，特許や商標，蓄積された学習や経験などの資産である。この無形資産は，競争優位に重要な影響を及ぼす。

第3は，**組織の能力**（ケイパビリティ）（organizational capabilities）である。こ

れは，組織がインプットをアウトプットへと変換するための資産，人材，技術，プロセスなどの能力である。すぐれたケイパビリティーは，競争優位の源泉となりうる。たとえば，日本の自動車メーカーは，リーン生産方式，高品質の製品を生み出す生産システム，短期間での製品開発などの卓越したケイパビリティーを構築し，これが競争優位をもたらしている。

5－4－4 資源のストック

資源ベースの理論では，持続可能な競争優位の源泉を検討する際，企業がもつ**資源（資産とケイパビリティー）のストック**（蓄積）に焦点をあてる。資源のストックは，収益を生み出し，企業の継続的優位性を持続させる能力の基礎となるものである。たとえば，高いブランド評価は，長い年月をかけた蓄積としてのストックによるものである。

資源ベースの理論では，競争に耐えうる価値創造の経営資源として，図5－5のように顧客デマンド，希少性，占有可能性という3つ要因をあげている。

図5－5　コリスとモンゴメリーによる3つの価値創造の経営資源

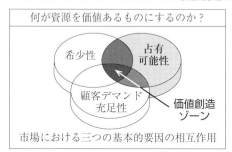

出所：コリス＆モンゴメリー（根来他訳）『資源ベースの経営戦略論』東洋経済新報社，2004年，51ページ

第1は，**顧客デマンド**（customer demand）の充足性である。価値の高い資源は，顧客が進んで支払うような価格で，顧客ニーズの充足に貢献するようなものでなければならない。ただし，資源の価値は時間とともに変化していく。たとえば，かつてのパソコンのIBMブランドは，価値の高い資源としてパソコ

ン業界で重要視されてきたが，今はそうではない。

　また，特定の資源の顧客デマンドの充足性，つまり資源の価値は，**代替の可能性**によっても大きく変化する。たとえばソニーのウォークマン・ブランドは，ポータブルオーディオの代替品としてのアップル社のアイポッド・ブランドから大きな脅威にさらされている。

　第2は，**資源の希少性**（resources rarity）である。資源が価値あるものであるための要因として，資源の供給が不足しているという資源の希少性がある。持続可能な競争優位の源泉となるためには，資源の稀少性が長期間にわたって持続する必要がある。そのためには，資源が競合他社にまねしにくいという**模倣困難性**が重要である。

　たとえばパソコンのケースでは，消費者がIBM製パソコンの模倣製品の多くも信頼できる製品であると認識するにつれて，IBMブランドの競争優位は低下してしまった。また，IBMの資源の希少性も，インテルやマイクロソフトという価値ある技術的資源をもつ供給業者によって奪われてしまった。

　第3は，**占有可能性**（appropriability）である。これは，ある資源によって生じた利益を実際に誰が獲得するかということである。一般的に，自社が開発した資源から生み出される利益は，市場から購入した資源から生み出される利益よりも高く，利益を占有する可能性は高いのである。たとえば，合弁事業のパートナー企業は，資源の占有に関して，単独でおこなう事業よりも資源の占有が少ない可能性が高いのである。

　以上のように，資源ベースの経営戦略論では，企業の有形資産，無形資産，ケイパビリティーといった資源が競争優位を持続可能にするという考え方である。あらゆる資源の価値は時間とともに低下していくため，企業戦略の有効性を保つためには，重要な経営資源を維持・強化するための継続的な投資が必要であることを強調している。そのために，資源の質を高めることで**既存の資源を強化する戦略**，市場でのポジションを高めるような**補完的な資源を加える戦略**，および新規のより魅力的な業界に参入するために必要な**新しい資源を開発する戦略**があるとしている。

5-5 企業文化戦略とドメイン（事業領域）

5-5-1 企業文化とは何か

　最近，企業のソフト化戦略が重要視されてきている。それは，企業イメージ，コーポレート・アイデンティティー（CI），企業文化，経営理念などと，いろいろいわれている。要はソフト・オーガニゼーションとしての**企業文化**の創造に要約される。なぜ企業文化のようなソフト戦略が重視されるようになったのであろうか。それは，企業文化のあり方が企業成長に大きく影響すること，すなわち，優良企業といわれる企業には，特有の企業文化が存在していることが明らかになったためである。

　企業文化とは，企業成員に共有された**価値規範**（かちきはん）と定義しておこう。すなわち，企業のメンバーがその企業特有のものの見方，考え方をし，仕事上で共通の行動パターンをとるのは，企業の文化が企業メンバーに浸透し影響をあたえていると考えるのである。

　それでは，企業文化をどう創造するのか。企業文化を創造する重要な規定要因として，価値理念・経営理念，トップ・マネジメントのリーダーシップ，儀式・運動とコーポレート・アイデンティティーの3つがある。

5-5-2 価値理念，経営理念，パーパス

　第1は，価値理念・経営理念である。企業文化の最も基底をなすものは，**価値理念**であろう。

　価値理念は，一般的に**経営理念**という形で表現されている。価値理念は，従業員全体に共通の目的で結ばれているという意識と，意思決定行動の基準をあたえる。企業が成功するには，企業の経営理念を明確に意識して，それを擁護し，それに依拠して行動することが重要である。最近，これを**パーパス**という言葉も使われている。

　経営理念は，一般的には**社是**（しゃぜ），社訓，経営方針，行動規範，ミッション，

パーパスという形で明文化されている。たとえば，日本の会社の社是，社訓の代表的なものとして，「和」，「誠」がある。これは，教育的，精神的な行動規範的なものである。また，価値理念は従業員の倫理的な規範としても重要である。従業員が倫理的な問題に直面したとき，価値理念は判断の基準として有用である。

5-5-3 ドメイン（企業の事業領域）

経営理念を企業の社会的存在，価値，経営の基本的方針，方向づけと広義に解釈すると，これらの社是等は，経営理念の一部であるがすべてではない。すなわち，経営理念，価値理念は，企業の事業領域，生存領域も含むのである。**企業の事業領域**，生存領域を，最近の経営学では**ドメイン**（domain）といっている。ドメインは，企業の生存領域ということであり，自社の事業展開をいかにすべきかという企業計画を決定する理念である。ドメインは，現在から将来への経営戦略，長期経営計画の基礎となる。

5-5-4 トップ・マネジメントのリーダーシップ

第2の企業文化の基底要因は，トップ・マネジメントのリーダーシップである。トップ・マネジメントのリーダーシップでは，組織に価値を注入することが重要である。経営者の最も重大な責務は，価値理念，経営理念を定義し，それを組織に浸透，徹底させるという，いわば組織に価値を注入することである。企業文化の創造において，経営者のリーダーシップは重大である。

企業文化論では，トップ・マネジメントの英雄，シンボル的性質を重視している。**英雄**，**シンボル**とは，経営理念を体現し，組織構成員に従うべき有形のモデルの役割を果たす人である。英雄は，創業者というトップ・マネジメントであることが多く，組織の永続的価値を具現化する理念提示型ヒーローであることが多い。良い独特な文化をもつ企業は，英雄をもっている企業が多いという。英雄，シンボルたるリーダーは，**カリスマ的リーダー**のみを意味するのではない。英雄，シンボルたるリーダーは，経営理念，価値理念を従業員にあら

ゆる機会を通じて確実に浸透させるよう努力する。儀式、コミュニケーション媒体などを利用し、主に言葉を用いて従業員に訴える。強い文化をもつ企業は、よくこのようなリーダーの存在があるという。

5-5-5 儀式、運動、コーポレート・アイデンティティー

第3の企業文化の基底要因は、儀式、運動、CI戦略である。

儀式とは、入社式、表彰式、会議、朝礼、研修、講演会、運動会、パーティー、社員旅行など、組織内でフォーマルにプログラム化された行事、イベントである。儀式は、組織員に対して、企業文化を表現、保持する機会であり、組織員に文化を印象づけ、影響をあたえる絶好の機会である。企業文化論では、儀式を企業文化創造、浸透の重要な機会であると位置づけ、儀式が効果的におこなわれるようにあらゆる努力を払うべきであるとする。

運動とは、QC（Quality Circle：品質管理サークル）、無事故運動、生産性向上など、組織全体が特定の目的を達するために、運動、作戦という形で組織員にはたらかせることである。運動は、企業文化を維持、あるいは変革する場合、特定の具体的課題を達成、解決するプロセスに組織員が参加するので、企業文化を創造する上で有益である。特に、日本では日本人の集団的性格とあいまって、このような運動が有効に機能している。日本のQC活動の盛況とその効果のすばらしさはその証拠であろう。

CI（Corporate Identity：コーポレート・アイデンティティー）**戦略**は、組織員および消費者に対して組織の企業文化を明確に位置づけ浸透させる運動、政策であり、主にシンボルを用いて表現するものである。民間企業、地方公共団体、大学などあらゆる組織でCIは導入されている。

たとえばベネッセは、社名を福武書店からベネッセコーポレーションに変えて、企業のコンセプトを再定義し、シンボルのロゴも新しくして、CIをおこなって成果を上げた。

(参考文献)

アンゾフ，H. I.（広田寿亮訳）『企業戦略論』ダイヤモンド社，1969年。
コリス，D. J & モンゴメリー，C. A.（根来龍之，蛭田啓，久保亮一訳）『資源ベースの経営戦略論』東洋経済新報社，2004年。
スティーブン P. ロビンス（高木晴夫監訳）『マネジメント入門』ダイヤモンド社，2014年。
ベサンコ，D. A.（奥村昭博・大林厚臣監訳）『戦略の経済学』ダイヤモンド社，2002年。
ポーター，M. E.（土岐坤，中辻万治，服部照夫訳）『競争の戦略』ダイヤモンド社，1982年。
ポーター，M. E.（土岐坤，中辻万治，小野寺武夫訳）『競争優位の戦略』ダイヤモンド社，1985年。
大滝精一，金井一頼，山田英夫，岩田智『経営戦略』有斐閣，2016年。

第6章

グローバルな多角化戦略と垂直的統合戦略

Summary

本章では，経営戦略で最も重要である多角化戦略と垂直的統合戦略について考察する。経営多角化戦略は，水平的多角化，技術関連多角化，マーケティング関連多角化，コングロマリット的多角化に分類できる。さらに，なぜ企業は多角化するかという，多角化の動機に関して説明する。

垂直的統合戦略とは，企業が，原料や部品の調達から，組立・加工，販売にいたるプロセスの一部ないし全部を自社に取り込むこと，内部化することである。この垂直的統合戦略に関して，その理由・動機について考察する。また，国際比較の視点から，日本とアメリカの企業の内部化戦略について議論する。

6－1　経営多角化戦略

6－1－1　経営多角化とは何か

新しい製品を新しい市場に販売する戦略が，**経営多角化戦略**（diversification strategy）である。経営多角化は，**自社の内部組織**で新たな事業に進出するケースと，M&Aにより他社や他社の事業を買収することにより新たな事業に進出するケースなどがある。

経営多角化といっても，既存の技術や市場とまったく無関連におこなうよりは，何らかの関連のある方向でおこなうことが望ましい。いわば，既存の事業での経験，資源を生かした形でおこなうのである。それで，経営多角化戦略は，

表6-1のように現製品との技術的関連性、マーケティング関連性から4つに分類できる。グローバルにみても、この類型は有効である。

表6-1　多角化戦略の分類

技術＼マーケティング	既存製品と関連あり	既存製品と関連なし
既存製品と関連あり	水平的多角化	技術関連多角化
既存製品と関連なし	マーケティング関連多角化	コングロマリット的多角化

6-1-2　水平的多角化戦略

技術およびマーケティングに関連をもつ多角化が、**水平的多角化**である。たとえば、調味料会社が食料品に進出したり、ビール会社が清涼水、ワインに進出するなどのケースがある。

6-1-3　マーケティング関連多角化戦略

マーケティング、市場に関連をもつ多角化が、**マーケティング関連多角化**である。これは、マーケティング資源を共有する効果がある。サービス産業の多角化では、最も多いケースである。

鉄道会社が、鉄道事業からデパート、スーパー、ホテル、コンビニ、不動産開発へと事業を多角化するなどがそのケースである。

6-1-4　技術関連多角化戦略

技術に関連をもつ、技術を核とした多角化が、**技術関連多角化**である。メーカーの多角化では、最も多いケースである。

大日本印刷や凸版印刷の印刷技術を応用した電子部品への進出、協和発酵の発酵技術を発展させた薬品業界への参入などのケースがある。また、カメラ会社による光学技術を応用した多角化がある。キヤノンのプリンター、X線カメラ、半導体製造装置、デジタルムービーへの進出、ニコンのメガネ、半導体製

第6章　グローバルな多角化戦略と垂直的統合戦略

造装置，デジタルカメラへの進出，オリンパスの医療用胃カメラ，内視鏡，デジタルカメラへの進出などが，そのケースである。

6－1－5　コングロマリット的多角化戦略

技術もマーケティングも関連をもたない多角化が，**コングロマリット的**（conglomerate）**多角化**である。コングロマリット的多角化の場合，M&Aで他社や他社の事業を買収することにより，新たな事業に多角化するケースもある。

電機会社が，ゴルフ場やリゾート，ホテル，不動産開発，住宅産業，金融や保険業，小売などに進出するなどがそのケースである。

6－1－6　多角化の動機

企業は，なぜ多角化するのか。多角化の理由・動機に関して以下が考えられる。

第1は，現在の**製品のライフサイクル**が成熟期，衰退期で，これ以上十分な成長が見込めない場合，多角化戦略をとるのである。成長製品を加えることにより，企業の成長を維持，発展させようとするのである。**図6－1**は，製品のライフサイクルをあらわしたものである。これは，製品には人間の生命のサイクルのように，**導入期**，**成長期**，**成熟期**，**衰退期**があるとする仮説である。

図6－1　製品のライフサイクル

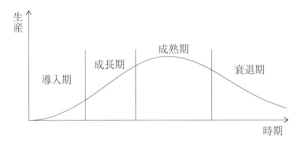

製鉄会社が，エンジニアリング産業，情報産業へ多角化したり，また繊維会社が，食品，化粧品，薬品に進出したのも，これが主な理由である。

第2は，企業が生産，研究開発，マーケティング，経営管理等の業務をおこなう過程で，**新たな資源**が生まれることがあり，その新しい資源を生かすための多角化である。たとえば，研究開発の分野で新たな技術が開発され，これを事業化するという多角化である。

　第3は，経営上の**リスク分散**のための多角化である。たとえば，不況と好況の時期が違う，製品のライフサイクルが相違している製品の組合せは，不況時に会社経営がより安定する。冬に需要が多い製品と，夏に需要が多い製品の組合せは，1年を通して需要が一定となるため，より経営が安定する。このように，数多くの相反する特性をもつ製品の組合せは，リスク分散をもたらす。

　第4は，設備，資金，人材，土地等の**資源の余剰**から多角化をおこなうものである。工場の跡地にビルやホテルを建てて経営したり，国鉄民営化後のJRが余剰人員を駅ビル，ホテル，コンビニ，レストラン，コーヒーショップ経営にあたらせるのは，その例である。

　第5は，製品相互の補強効果である**シナジー効果**をねらった多角化である。シナジー効果とは，新製品を加えることが既存事業への単なる加算ではなく，既存事業へも利益をもたらす効果をいう。「2＋2＝4」ではなく，「2＋2＝5」となるような，一種の結合利益を生み出すことをいう。

　シナジーには，生産，研究開発，マーケティング，財務，グローバル経営などの領域がある。新製品を加えることにより，生産技術の向上や相互交流，また，生産設備の共通性からなる規模の経済性などの生産性や生産技術の向上が考えられる。研究開発の領域では，技術のベースを広めることによる技術開発力の強化をもたらすシナジー効果がある。マーケティングの領域では，トータルな広告費の増大による広告効果の増大，販売経路や販売員などのマーケティング資源の共通によるコストや能力の向上などが考えられる。財務の領域では，資金調達コストの低下やその能力の向上，賃金コストの低下，取引費用の低減などが考えられる。グローバル経営の領域では，新しい地域での多くの経営上の経験の蓄積は，グローバル経営能力を向上させる。

　第6は，市場での圧倒的地位のため，**独占禁止法**などの法的制約から，これ

以上成長することに制限が加えられたために，他の事業機会から成長しようとする多角化戦略である。かつてのアメリカでは独禁法の運用が厳しかった時期に，巨大企業は，多角化戦略，コングロマリット戦略をとった。

しかし，多角化戦略は，多角化した事業が競争優位をもてない場合，失敗する可能性がある。多角化戦略は，既存の経営資源を生かせ，シナジーをもたらすような多角化が望ましい。また，コングロマリット的多角化をおこなう場合，企業買収も考察する必要がある。

6-2 垂直的統合戦略

6-2-1 垂直的統合戦略とは何か

企業活動には，原料や部品を調達して加工，組立，流通経路を経て販売するという一連のプロセスがある。この生産から販売にいたる段階の一部ないし全部を，自社に取り込むこと，つまり内部化することを**垂直的統合**（vertical integration）という。垂直的統合のプロセスで，原材料生産を**川上方向**，最終消費を**川下方向**という。図6-2は，生産から販売までの垂直的な流れをあらわしたものである。これは，グローバル戦略でも重要である。

たとえば，川上方向への垂直的統合として，製鉄会社や石油会社が，海外の鉄鉱石や原油を開発するケースがある。また，川下方向への垂直的統合として，メーカーが流通部門の卸売や販売店を自社で運営するというケースがある。

図6-2 垂直的統合戦略

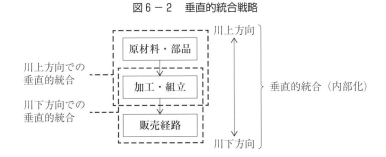

6-2-2 垂直的統合戦略の理由，動機

企業は，なぜ垂直的統合をおこなうのであろうか。この点に関してグローバルな視点からみると，以下の理由，動機が考えられる。

第1は，**統合の経済性**である。購入，販売，管理などの共同化によるコスト削減，取引コストの低減などの統合の経済性が達成される場合，垂直的統合戦略が選択される。各部門が一本化されることにより，生産の効率性を達成できるという共同操業の経済性が存在する。また，計画，調整に関するコストを低くするという，内部の管理や調整の経済性が存在する。さらに，外部市場を直接相手にしないことや，安定した取引関係による経済性もある。すなわち，企業は外部市場との取引での販売，交渉，取引に関するコストの一部を節約することができ，市場取引での不確実性を回避することができる。

たとえば，石油会社が，海外で原油採掘・開発までおこなえば，安定的に原油調達ができ，外部から購入するより不確実性を減らすことができるであろう。

第2は，垂直的統合により**適切な情報を得る**ことができる可能性がある。また，重要な技術情報が社外に流れないというメリットもある。たとえば，川下部門の販売部門を垂直統合すれば，まったく外部の企業に販売を任せるより，グローバルな市場において正確で有益な情報を得ることができるかもしれない。将来の企業戦略にとって，市場情報はきわめて重要である。

第3は，垂直的統合により**技術の習得**ができる可能性がある。それが製品の差別化になる。たとえば，コンピューター・スマホ・家電メーカーが，川上部門である重要な部品，キーデバイス（たとえば半導体，映像素子，液晶など）を内製化すれば，その技術的メリットは非常に高い。半導体や映像素子は，特に重要な基幹部品であり，その技術レベルは高く，かつ技術進歩は急速である。キーデバイスの内製化により，他社との技術の差別化が可能となる。他の業界でも，重要な部品や原材料の垂直的統合により，技術開発力の増大やその深化をもたらす場合がある。

たとえばソニーは，スマホやカメラの重要な基幹部品である映像素子を自社

開発・生産することにより，映像分野で高い評価を得ている。

第4は，**販路や資材供給の安定的確保**ができる可能性がある。垂直的統合により，品不足の時期でも必要な供給を確実に確保でき，また需要の低迷期にも製品の販路を確保できるかもしれない。たとえば，鉄，銅，アルミなどの素材メーカーにとっては，原料としての天然資源の供給に不確実性が高い場合，グローバルな資源開発への垂直的統合は，メリットとなるであろう。

第5は，**差別化**の力を強める可能性がある。垂直的統合は，経営者の思いのままになる付加価値の幅を広げて，差別化する能力を高めてくれるかもしれない。たとえば，川下方向の販売部門を内部化すれば，ユニークで特色ある販売店戦略をグローバルに展開することができるかもしれない。

6-2-3 垂直的統合戦略の問題点

垂直的統合戦略は，以上のように多くの利益をもたらすが，反面，グローバルな視点からみるとその**戦略コスト**がかなり高い。

まず，一般的に必要資金が巨額である。外部の独立の企業との取引から，新たに自社が投資して事業を内部化するのであるから，その投資額は大きい。

また，投資額の巨大化による垂直的統合の進展は，**撤退障壁**を高くする。要するに，事業の撤退が容易でない。

さらに，統合すれば，供給業者や部品メーカーからの**技術情報**の流れを断ち切ってしまう。そのため，自社のみで技術開発能力を高めなければならない。特に，**モジュール化**（部品のユニット化）された製品では，垂直的統合を競争優位性を高めることができるかという視点からおこなうべきである。

垂直的統合がなされても，川上部門と川下部門では，その**経営管理方式**はかなり異なる。グローバルにみても，各国でその管理方式にかなり相違がある。

たとえば，製造部門の工場管理と，小売部門の経営管理は微妙に相違する。垂直的関係にある社内部門間を，部門の特性をどう生かしつつ管理をおこない，かつグローバルに全社的な管理の調和をさせていくか，そこに統合のリスクがある。

6−3　日本企業の準内部組織

6−3−1　準内部組織とは何か

　日本企業の戦略をみると，垂直的統合は自社の部門として内部化するのではなく，資本や人的関係をもった**系列会社**，**関連会社**，**下請会社**として内部化する場合がある。すなわち，日本の大企業は，垂直的統合組織として系列，関連，下請会社が含まれるような形になっており，これは**準内部組織**とよばれる。系列，関連，下請会社は単なる部品の下請関係だけでなく，親会社から役員派遣，ミドルの出向などもおこなわれ，親会社との情報伝達の密度は高く，内部組織とほぼ同じ量の情報が入る準内部組織というべき特徴がある。

　ただし，近年，一部の系列会社，下請会社では，親企業からの高い取引依存度から脱却して，親企業以外からの取引を拡大するといった，親企業離れが進んできている。

　カンバン方式（ジャスト・イン・タイムともいう）に代表される**トヨタ生産方式**は，親会社と系列，関連，下請会社との緊密な関係により成り立っている。たとえば，図6−3にあるように，トヨタの関連，系列，関連部品メーカーとして，国内生産・組立，国内販売，部品などがある。トヨタグループとして，日野自動車，デンソー，愛知製鋼，豊田自動織機，トヨタ車体，ジェイテクト，アイシン，ダイハツ工業，豊田合成，豊田通商などがある。

図6−3　トヨタ自動車の系列・関連会社

6−3−2 日本とアメリカとの比較

　日本とアメリカにおいて，自動車産業の**サプライヤー**（部品・原材料企業）との取引を比較すると，両国間には相違がある。

　第1は，日本では，自動車会社とサプライヤーとしての系列，関連，下請会社とが，資本，人材，取引，情報，技術等で関係が密接であることである。また，最近崩れつつあるものの，下請企業は一次から数次におよぶ階層に編成されていることである。

　一方，アメリカでは，自動車メーカーの部品事業が独立したサプライヤーを除いて，日本のような準内部組織たるサプライヤーは少ない。アメリカの自動車会社では，もちろんサプライヤーは多いが，それらのサプライヤーは資本，技術，人材などで発注企業から独立している傾向にある。

　第2は，日本の自動車会社では，サプライヤーとの取引が長期間継続され，特定の会社への受注依存度が高い傾向にあることである。日本の自動車メーカーと部品メーカーとの関係は，長期的，安定的取引の傾向が強いといえる。

　アメリカの自動車会社は，自動車メーカーの部品事業が独立したサプライヤーを除いて，サプライヤーとの取引が短期的で，特定の企業への受注依存度が低い傾向にある。アメリカの自動車メーカーは**入札**を中心とした取引で，部品の品質については自動車メーカーが部品の受け入れ検査をやるというやり方である。

　このような日本企業の準内部組織，特にサプライヤーとの関係は，垂直的統合の内部化のメリットを取り込んだ上で，サプライヤーを関連企業として独立の会社にすることで内部組織の弊害を最小限にできる。日本の自動車メーカーが国際的に競争優位性を保っているのは，目先の入札コストで短期的に評価するのではなく，中長期的に品質，価格，納期等で評価するという，日本のようなサプライヤーとの関係が1つの要因であろう。

(参考文献)

ハーバード・ビジネス・レビュー編集部編『ハーバード・ビジネス・レビュー BEST 10 論文』ダイヤモンド社，2014年。

ミルグロム，P., ロバーツ，J.（奥野正寛，伊藤秀史，今井晴雄，八木甫訳）『組織の経済学』NTT出版，1997年。

青木昌彦，ロナルド・ドーア『システムとしての日本企業』NTT出版，1995年。

小田切宏之『企業経済学』東洋経済新報社，2000年。

下川浩一『「失われた十年」は乗り越えられたか』中央公論新社，2006年。

第7章

海外直接投資戦略

Summary　本章では、企業のグローバル化の代表的戦略である海外直接投資戦略について考察する。直接投資とは、間接投資と違い、海外でモノやサービスを生産することを目的とする海外投資である。多国籍企業は、単なる貿易活動のみでなく、世界の多くの国に生産やサービスのために現地子会社を有している。その意味で多国籍企業は、大企業なのである。また本章では、直接投資と間接投資、完全所有子会社と合併会社についても説明する。さらに、直接投資の目的として、現地市場型、輸出型、部品・工程分業型、製品分業型、資源開発型、販売拠点型について議論する。

7-1 直接投資と間接投資

7-1-1 多国籍企業

　多くの国に直接投資をおこない、モノやサービスの生産拠点を設置して、世界的視点で事業展開をおこなっている**多国籍企業**（multinational enterprises）が、急速に台頭している。多国籍企業の海外子会社は、現地の国籍となる。

　外国人や外国企業が、現地企業の株式を所有し資本参加するという**海外投資**は、ほとんどの国で認められている。一部の国では、外国人の持株比率を制限しているケースがある。これは、現地企業の保護のためや、国益・公益などの何らかの理由で外国企業の参入を制限しているためである。たとえば、発展途上国などでは、自動車、通信、IT、金融、流通の分野に外資規制を設けてい

る国がある。ただし，先進国，中国，ASEAN，西アジア，南米などの多くの国がWTO（世界貿易機構）に加盟したことから，このような外資規制は徐々に緩和されてきている。

7－1－2　海外直接投資とは何か

　海外投資は，一般的に**直接投資**と**間接投資**に分類される。

　海外直接投資（foreign direct investment）とは，外国でモノやサービスを生産することを主目的とする投資であり，外国に設立した，または買収した企業（通常10％以上の出資）に対して，経営のコントロールをともなう資本移動である。すなわち，経営支配や参加を目的とする外国企業の買収，海外での現地子会社の設立，支店，工場，店舗などの事業活動をおこなうための実物資産の取得などの長期資本の移動による海外投資である。直接投資は，通常このような資本の移動以外に，経営管理，技術，生産，パテント（特許），マーケティングなどの経営資源の国際移転も含まれる。

　日本企業は，近年，**製造業の海外進出のみならず，サービス業の海外進出**が増加している。たとえば，ユニクロ，ニトリなどの専門店，くら寿司，すき家，丸亀製麺などの飲食店，大丸，伊勢丹などのデパート，などがある。

　なお，海外直接投資は，日本から海外への直接投資としての**対外直接投資**，および海外から日本への直接投資としての**対内直接投資**に分類できる。

7－1－3　間接投資とは何か

　間接投資（portfolio investment）とは，経営のコントロールを目的としない証券・債券投資で，単なる資産運用やキャピタルゲイン（値上がり利益）のための投資や，国債・社債等の投資や金融機関などによる中期・長期の貸付などによる資本移動である。すなわち，企業の経営支配をおこなわず，株の配当や運用を基本的な目的とする株式，社債などの証券への投資，および，国債・公社債などの債券投資，融資，借款などの国際的な資本移動である。

　たとえば高金利を求めて，日本からアメリカやオーストラリアへの債券投資

を中心とした間接投資が多い。また，主にアメリカから日本への証券・債券投資，不動産投資を中心とした間接投資も多い。

7-2　完全所有子会社と合弁会社

　直接投資により海外子会社を設立する場合，100％出資の**完全所有子会社**と，現地企業などと共同で出資して設立する**合弁会社**（ごうべん）の形態がある。よりコントロールの程度を最大化したい多国籍企業では，完全所有子会社を選好する。一方，発展途上国や中進国で，現地政府が特定の産業などで外資の完全所有を規制している場合，進出市場でのリスク・不確実が高い場合，進出市場での経験が乏しい場合，などで合弁事業は1つの選択肢となろう。

7-2-1　完全所有子会社形態

　完全所有子会社では，本国の親企業が事業を完全にコントロールすることができる。すなわち，親企業が経営戦略，人事，マーケティング，生産，販売，調達などで，海外子会社を直接統制することができる。完全所有子会社は，合弁事業でのパートナーとの対立などのリスクを回避したい企業にとっては，まず考慮すべき戦略である。

　しかし，完全所有は，損失のすべてを負担しなければならないというリスクがある。また，外国において独力で事業展開しなければならないため，その会社の資源（資金，人材，生産，技術，販売など）を多く集めることになる。さらに，受け入れ国で，政治的，文化的摩擦などのリスクが生じることもある。

7-2-2　合弁会社形態

　合弁企業（Joint Venture）とは，現地パートナーなどと共同で出資する海外子会社形態である。一般的に，そのパートナーは，現地資本の会社が多いが，場合によっては，現地の国営企業，公営企業，政府，個人，または日本企業や外国企業などがある。合弁企業は，本国の親企業の出資比率によって，**過半数**

所有（50%以上の所有），**半数所有**（50%所有），**少数所有**（50%未満の所有）の形態がある。

合弁企業形態の利点は，現地パートナーとの**シナジー効果**（連結効果）が得られる可能性があることである。合弁事業は，現地パートナーと資本とリスクを共有している。さらに現地パートナーの貢献として，土地，原材料，人材，市場，文化・法律・政治などの現地環境に関する知識や貢献，流通ネットワークへのアクセス，供給業者や政府役人との人的接触コネクションなどがある。外国パートナーがもつスキルや資源と組み合わせたシナジー効果が得られたとき，これらの要素が市場参入に成功するための鍵となる。

合弁企業形態の欠点は，現地パートナーと利害対立が生じる可能性があることである。たとえば，企業戦略，グローバル戦略，資源配分，国際移転価格，技術，マーケティング，ブランド，調達，利益処分，配当，投資決定などの点で，利害対立が生じ，合弁事業に失敗するケースがある。

国際的な合弁事業の成功要因として，第1に適切なパートナーの選択が重要である。シナジー効果を得ることができるスキルと資源をもつ現地パートナーが，より適切である。

第2に，現地パートナーとの文化的な相違を克服することが必要である。現地の文化，社会，経営に関する知識と理解，また，現地パートナーとの粘り強い話し合いが重要である。

第3は，合弁事業を最初から大規模ではじめるよりは，最初は小規模からはじめて，徐々に拡大していくという，漸進的アプローチも有効であるとされている。

将来的には，日本企業の海外経験の蓄積，最適な国際生産立地戦略の強化，そのための**撤退**，などにより，完全所有の形態での海外子会社の割合が増えていくであろう。

7-3　海外直接投資の性格・目的

　海外直接投資は主要な性格・目的によって，現地市場型，輸出型，部品・工程分業型，製品分業型，資源開発型，販売拠点型R&D（研究・開発型）などに分類できる。なお，現地への直接投資では，1つの目的のみではなく，複数の目的で設置される場合がある。

7-3-1　現地市場型の海外直接投資

　進出国での市場での販売，サービスを目的とした生産拠点を設置するための投資が**現地市場型直接投資**である。この形の投資は，従来の輸入から現地生産への転換という意味で，**輸入代替型直接投資**ともいわれる。

　現地市場型投資は，大規模な市場や急速な市場成長が見込まれる諸国，および，関税の付加，あるいはそのおそれに反応してしばしばおこなわれる。さらに，現地市場への輸出の増大によって，現地政府との通商政策上の軋轢が生ずる可能性がある場合，現地生産に切り替えるという**貿易摩擦回避**のための直接投資がある。日本企業のアメリカでの現地生産は，このため多い。

　メーカーの場合，輸入ではなく現地で生産した方が，海外での**現地市場のニーズ**に的確に対応した製品を開発・生産できるというメリットがある。国や地域によって，消費者の趣向や要求には微妙な違いがあるため，現地市場に近い場所で生産した方がより適合的となる。

　トヨタや三菱自動車などの日本の自動車メーカーの東南アジアでの現地生産では，アジアカーの開発というケースがある。日本と違いタイを中心とした東南アジアでは，気候は高温多湿で，道路状況も悪い。東南アジアの一般消費者は，まだ所得水準は低い。このような環境で，装備はシンプル，頑丈で，価格は安いという，東南アジア市場に適したアジアカーを開発し現地生産をした。

　サービス産業の海外直接投資は，それを提供する国でビジネスをおこなうケースがほとんどなので，このカテゴリーに入る場合が多い。日本のサービス

産業の海外直接投資は，デパート，スーパー，コンビニ，ファッション，専門店，飲食店，不動産，ホテル，観光，運送，金融，商社関連などの企業に多い。

7－3－2　輸出型の海外直接投資

完成品，部品，半製品などの輸出拠点として設置するための投資が，**輸出型直接投資**である。この型での直接投資の主要な動機は，進出国での各種のコスト優位性を利用することによって輸出競争力を高め，企業の優位性を獲得しようとする海外生産戦略である。日本は，為替が円高となると，この輸出型が有利となる。

この形の投資には，**労働コスト削減型**，**原材料コスト削減型**，**部品コスト削減型**，**タックスヘブン**（税金回避）**型**などがある。日本企業が，労働コストの安い中進国や発展途上国に輸出型の生産拠点を設置するのは，このケースである。特に，資本集約的ではなく労働集約的な製品の場合，労働コストの安いアジア，南米，インド，東欧などの諸国に進出するのは有効である。

7－3－3　部品・工程分業型の海外直接投資

国際的なレベルで，部品・工程の分業を目的とする投資が**部品・工程分業型直接投資**である。この型での直接投資の主要な動機は，進出国での各種のコスト優位性を利用することによって，部品・工程生産の最適立地を狙った投資である。たとえば，**ASEAN**での**AFTA**（アセアン自由貿易地域）の進展によって，日本企業は，主に電機・機械産業，自動車産業を中心として，ASEANでの最適立地にもとづく，部品生産の集約や再編の動きが顕著となっている。

7－3－4　製品分業型の海外直接投資

完成品を国際的に分業することを目的とする投資が，**製品分業型直接投資**である。製品分業には，技術レベルがそれほど違わない製品を各国で分担生産する形と，技術レベルの異なる製品を分担生産する形がある。

日本企業の製品分業をみると，技術レベルがそれほど違わない製品のケース

としては，日本企業が，アメリカ，欧州といった先進諸国に進出し，技術水準がほぼ同一の製品を，国際的な最適立地という視点から製品分業する形がある。最近では，日本と中国やASEANでの製品分業において，技術レベルが最先端の製品についても中国やASEANで生産するという事例も生じてきている。

技術レベルが異なる製品のケースとしては，日本企業が，タイ，インドネシア，ベトナムなどのASEANや中国に進出し，主に標準化製品を生産し，日本では高付加価値の高度技術製品を生産し，国際的に製品分業する場合である。

7-3-5　資源開発型の海外直接投資

原油，天然ガス，石炭，鉄鉱石，銅，レアアース，鉱物，木材などの**資源開発型直接投資**がある。日本企業は，資源を求めて多くの直接投資をおこなっている。特に注目すべきは，資源開発会社，石油会社のみならず，総合商社の資源開発関連の直接投資が多くみられることである。日本の総合商社は，資源開発プロジェクトに参加し，日本の他の企業，海外・現地企業，現地政府と共同出資の形で資源開発を積極的におこなっている。

資源開発関連投資では，農業，畜産業，林業，漁業関連の資源開発もある。アジアやオーストラリアでは，羊毛生産への直接投資，牛肉生産への直接投資，木材生産への直接投資，茶栽培への直接投資などのケースがある。

7-3-6　販売拠点型の直接投資

進出国での市場での販売拠点，サービス拠点の設置を目的とした投資が，**販売拠点型直接投資**である。現地に販売拠点を設置することにより，現地での消費者のニーズや趣向，需要動向などをダイレクトに把握することができる。特に，家電品，コンピューター，機械，自動車，ソフトウエアなどの製品では，現地に販売拠点を設置するのみならず，現地でアフターサービス，修理，部品に対応するためのサービス拠点の設置が不可欠である。

7-3-7　R&D（研究・開発）型の直接投資

　先進国などで，人材を含む研究・開発（R&D）を目的とした海外直接投資である。

　たとえば，ホンダは，アメリカで海外子会社（ホンダエアクラフトカンパニー）を設立し，ビジネスジェットの航空機を開発し，さらにアメリカで製造もおこなって成功している。

（参考文献）
ロビンソン，R. D.（入江猪太郎監訳）『基本国際経営論』文眞堂，1985年。
小田部正明，クリスチアン・ヘルセン（横井義則監訳）『グローバル・ビジネス戦略』同文舘出版，2001年。
佐藤憲正『国際経営論』学文社，2005年。
田中拓男『国際貿易と直接投資』有斐閣，1995年。
丹野勲『アジア太平洋の国際経営』同文舘出版，2005年。
丹野勲『アジアフロンティア地域の制度と国際経営』文眞堂，2010年。
丹野勲『日本企業の東南アジア進出のルーツと戦略』同文舘出版，2017年。
丹野勲『日本の国際経営の歴史と将来』創成社，2021年。

第8章

グローバルな M&A と戦略提携

Summary
　本章では，グローバルな企業戦略として脚光を浴びているM&A（合併と買収）と戦略提携について考察する。企業買収には，株式の取得による買収と，事業譲渡による買収がある。特に買収には，TOB（株式の公開買付け）によるケースが多くなってきている。さらに，M&Aの目的，買収の防衛策について説明する。
　戦略提携には，合弁会社の設立，長期取引関係，契約などの形態がある。さらに，契約による戦略提携として，ライセンシング，契約生産，OEM，委託加工，共同技術・製品開発，フランチャイジング，販売・マーケティング契約，コンソーシアムについて議論する。

8-1　M&A戦略

8-1-1　M&Aとは何か

　企業の戦略として，近年注目されているのが**M&A**（Merger & Acquisition）である。M&Aは，**合併**と**買収**ということである。

　日本企業による海外企業のM&A（**アウトバウンドM&A**），海外企業による日本企業のM&A（**インバウンドM&A**）のようなグローバルなM&A（クロスボーダーM&A）が，近年増加している。

　企業のグローバル戦略において，海外で活動している企業を買収し，経営権を取得して，企業経営をコントロールし，子会社経営をおこなうという，国際的なM&Aも増えている。

たとえば，日本企業のアメリカ企業へのアウトバウンドM&Aとしては，ソニーによるCBSレコード，コロンビアピクチャーズの買収，ブリヂストンによるファイアストンの買収，東芝によるウエスティングハウス（原発事業をおこなう）の買収（結果として失敗），セブン＆アイによるスピードウェイ部門（コンビニ事業）の買収，などがよく知られている。

　また，海外企業による日本企業のインバウンドM&Aとしては，フランスのルノーによる日産自動車へのM&A，フランスのロッシュによる中外製薬へのM&A，台湾のホンハイによるシャープへのM&A，などがよく知られている。

8－1－2　合　　　併

　2つ以上の会社が統合して，1つの会社になることを**合併**という。

　東京三菱銀行とUFJ銀行が合併した三菱UFJ銀行，富士銀行と第一勧業銀行および日本興業銀行が合併したみずほ銀行，住友銀行とさくら銀行が合併した三井住友銀行など，多くの事例がある。

　海外企業間のクロスボーダー合併では，ドイツのダイムラー・ベンツとアメリカのクライスラーとの合併（結果として失敗した）などがあるが，あまり多くない。

　合併には，吸収合併と新設合併がある。

　吸収合併は，合併する会社のうち1社が存続する形である。

　新設合併とは，合併する会社はすべていったん消滅して，新たに会社を創設する形である。

　日本では，ほとんどの合併は吸収合併である。たとえば，東京三菱銀行とUFJ銀行の合併のケースでは，東京三菱銀行が存続会社になり，UFJ銀行は存続会社に吸収された形になり，三菱UFJ銀行となった。グローバルにみても，吸収合併が一般的である。

8－1－3　買　　　収

　ある会社が，他の会社の経営権を支配するために他の会社の株式を取得する

こと，または他の会社の一部の事業を取得することを，**買収**という。買収の方法としては，株式の取得と事業譲渡（事業の取得）の２つがある。

8-1-4 株式の取得による買収

買収企業が，買収したい会社の株式を大量に手に入れることにより，支配権を確保するのが**株式の取得による買収**である。

具体的には，株式譲渡による買収と新株引き受けによる買収がある。

① 株式譲渡による買収

買収企業が，買収したい会社の株式を，すでに株式を所有している株主から取得する方法が**株式譲渡による買収**である。

株式譲渡の買収のケースとして，ソフトバンクによるボーダフォン日本法人の買収がある。これは，英国本社のボーダフォン社の保有する日本法人ボーダフォン社の株式97.7％を，１兆7,500億円程度でソフトバンクグループが取得するというものである。

株式譲渡による買収では，**TOB**（Take-Over Bid：**株式の公開買付け**）による買収もある。買収企業が，買収したい会社の株式を，TOBにより取得する方法である。TOBとは，買収企業が，買収したい企業の株式を，公告により，株式市場外で，株主から一定の価格で買い取ることである。

TOBによる買収のケースとして，インバウンドM&Aでは，米国ベインキャピタルによる東芝メモリの買収，アウトバウンドM&Aでは，ソフトバンクによる英国Arm社の買収，などがある。また，日本企業同士のケースとしては，阪急による阪神のTOB，パナソニックによる三洋電機のTOB，日本産業パートナーズによる東芝のTOB，などの買収がある。

② 新株引き受けによる買収

買収対象の会社が，新たに株式を発行し，買収企業が第三者割当により取得する方法が，**新株引き受けによる買収**である。

そのケースとして，フランスのルノーによる日産自動車の買収がある。ルノーは，1999年，日産自動車の株式を第三者割当により取得し，ルノーが日産

に35％程度出資することに合意した。その後，両社の資本関係を対等にすることを合意した。

8−1−5　事業譲渡による買収

　買収企業が，買収したい会社の有する財産，資産の一部を取得することが，**事業譲渡による買収**である。

　日本企業同士のケースとして，ソニーがコニカミノルタのデジタル一眼レフカメラ関連の一部資産を取得するという，事業譲渡による買収（2006年合意）がある。また，日本企業による海外企業の事業譲渡による買収として，セブン＆アイによる米スピードウェイのコンビニ店舗の買収（2021年合意，約2兆3,000億円），などのケースがある。

　海外企業では，米GEが，ジャック・ウェルチ会長の下で，半導体やテレビ事業などを事業売却し，放送会社NBCを傘下にもつRCAや金融部門の事業を取得するという，事業譲渡による買収を積極的におこない成功したケースがある。グローバルにみると，事業譲渡によるM&Aはかなりある。

8−2　国際経営戦略としてのM&A戦略

　国際経営戦略として，クロスボーダーM&Aとしての**海外企業の買収**がある。海外企業を買収することにより，新たな海外市場に参入するのである。**海外企業を買収するメリット**は，海外直接投資により新たに会社を設立する場合と比較して，現地市場へのアクセスを得る迅速な方法であることである。買収会社は，被買収企業がもっている人材，生産設備，技術，ブランド，流通チャネル，顧客，店舗，子会社などを容易に獲得することができる。

　しかし，**海外企業の買収のリスク**もある。買収会社と被買収会社の企業文化の相違が最も困難な問題である。また，政治問題化するケース（日本製鉄によるUSスチールの買収，中国企業による日本や米国企業の買収など）がある。また，被買収企業の資産が，買収会社の期待に応えるとは限らない。老朽化した工場

と設備，困難な労使関係，隠れた債務，古びたブランドなど，問題が生じる可能性である。さらに，買収による参入は非常にコストの高いグローバル拡大戦略となる可能性があることである。良い企業は通常身売りを望まない。もし望んでいても，買収は高いものとなる。他の外国企業あるいは現地企業もその買収に関心を示し，その結果厳しい入札競争になることも多い。

8－3　M&A戦略の目的

M&A戦略は，水平的統合を目的としたものか，垂直的統合を目的としたものかによって，水平型M&Aと垂直型M&Aに分類できる。

また，製品と市場の関連性から，M&A戦略は技術関連型M&A，市場関連型M&A，コングロマリット型M&Aに分類できる。

8－3－1　水平型M&A

類似した製品やサービスを生産している会社を買収，合併する戦略が**水平型M&A**である。これは，ほぼ同じ製品や事業内容の企業をM&Aし，主に市場シェアを拡大するためにおこなわれる戦略である。

日本のケースでは，銀行の合併，損保の合併（東京海上と日動火災の東京海上日動，安田火災と日産火災の損害保険ジャパンなど），航空会社の合併（日本航空と日本エアシステムの合併など），ソニーによるKADOKAWA（カドカワ）の買収など多くのM&Aがある。

海外のケースでは，石油メジャー大手，米エクソンと米モービルの合併，自動車大手，独ダイムラー・ベンツと米クライスラーの合併（後に解消した）など，大型合併がある。

8－3－2　垂直型M&A

原材料や部品などの川上方向の企業の買収・合併，生産工程の企業の買収・合併，および販売や流通経路の川下方向の企業の買収・合併というような，垂

直的統合を目的とした企業買収，合併戦略が**垂直型M&A**である。

日本の鉄鋼会社や非鉄会社が，グローバル戦略として海外の資源開発会社を買収するケースが，典型的な垂直型M&Aである。

8－3－3　技術関連型M&A

製品や事業に関連がある企業を買収・合併し，製品ラインを拡張する戦略が**技術関連型M&A**である。製品の生産や技術の関連によって技術的シナジーの効果をねらう戦略である。また，M&Aにより技術の獲得を目的とするものもある。グローバル戦略として，技術関連型M&Aが増えてきている。

ケースとしては，写真技術，光学技術，デジタル技術のより深化をめざしたコニカとミノルタの合併（コニカミノルタ社），など多くある。また，ソニーによるコニカミノルタのデジカメ部門の買収も，コニカミノルタがもつ一眼レフカメラの技術・資産の獲得が目的の技術関連型M&Aであろう。

8－3－4　市場関連型M&A

同一もしくは類似の製品を異なった市場，地域で販売しようとするために企業買収，合併する戦略が**市場関連型M&A**である。

このケースでは，日本企業による海外企業の買収の多くが，海外市場の拡大をねらったグローバルな市場関連型M&Aである。たとえば，ブリヂストンの米ファイアストンの買収などがある。

8－3－5　コングロマリット型M&A

異質の製品と相違した市場をもっている企業を買収・合併する戦略が**コングロマリット型M&A**である。

日本企業では，オリックス，京セラ，ソニー，ソフトバンク，楽天などが，幅広い事業分野でM&Aをおこない，コングロマリット型M&Aの傾向がある。

アジア諸国のいわゆる華人系企業（財閥）では，コングロマリット型M&Aがかなりある。たとえば，タイのサイアム，CPなどである。

第 8 章 グローバルな M&A と戦略提携

8－4　買収の防衛策

　買収には，買収される企業の経営者が買収に対して賛成する**友好的買収**と，買収される企業の経営者が買収に対して反対する敵対的買収がある。友好的買収の場合はあまり問題がないが，**敵対的買収**の場合，買収を防衛して，買収を成功させない施策が，ときには必要である。海外の企業やファンドによる日本企業のクロスボーダーの敵対的買収が，近年，増加している。

　他の企業からの**敵対的買収を未然に防ぐための主要な防衛策**として以下がある。

　第1は，**高い株価を維持する**ことである。公開企業では，株価が高い場合，買収企業は買収のための費用がかかり，買収がむずかしくなる。株価を高くするためには，企業業績を向上させることはもちろんだが，そのほかに，**株主配当を高くすること**，各種の**株主優遇策**（株主への優待券，クーポンなど），**株式の売買単位の引き下げ**（たとえば，売買単位を1,000株から100株，10株，1株へと引き下げる），**株式分割**（たとえば，1株を10株に分割する），自社株買い，などの施策があろう。

　第2は，**安定株主を確保する**ことである。金融機関，従業員持株会，取引先，グループ会社などの株主と友好的関係を維持することで，敵対的買収の場合，安定株主として会社側と歩調を合わせて敵対的買収を防ぐのである。

　第3は，自社の株を自社が取得するといった**自社株買い**をおこなうことである。自社株買いは，2001年の商法改正により認められた。会社が，一種の安定株主工作として，自己株式を買うのである。自社が大株主となることで，他社の敵対的買収を防ぐのである。

　第4は，株主に特殊な新株予約権をあたえる**ライツプラン**（ポイズンピルともいう）をおこなうことである。ライツプランとは，会社が敵対的買収前の平時に，特殊な当該会社の株式を有利な価格で取得できる新株予約権を一般株主（株主割当型），または特定株主（第三者割当型）にあたえておいて，敵対的買収

者が株式を買い占めた場合，買収者以外の株主に大量の新株を発行し増資して，敵対的買収者の持株比率を低下させる方法である。たとえば，株主割当型のライツプランとして，敵対的買収者が20％以上の株式を取得した場合，一般株主に1株式につき5株の新株予約権をあたえておくと，敵対的買収者が20％の株を買収したとしても，一般株主が新株予約権を行使すると，一般株主の持株比率は劇的に高まり，敵対的買収者の持株比率はかなり低下する。

　第5は，敵対的な買収で，会社経営者が退任する場合，高額な役員退職金を支払うという契約をつくっておくという，**ゴールデン・パラシュート**である。敵対的な買収が起こると，経営者の退任で多額の割増退職金を支払う義務があることで，敵対的買収を防ごうとする施策である。

　他の企業からの敵対的買収を仕掛けられた後，**防衛するための主要な施策**として，以下がある。

　第1は，友好的な会社との合併や新株引き受けによる，**ホワイトナイト**（白馬の騎士）である。敵対的買収の場合，友好的に支援してもらえる企業と**合併**したり，**第三者割当の増資**をして新株を引き受けてもらって大株主になってもらい，ホワイトナイト企業の傘下に入るか，等の協力関係を構築するのである。

　第2は，敵対的買収が生じた段階で，買収を仕掛けられた会社が**重要な資産をホワイトナイトや友好企業に売却**するなどして，買収者の買収意欲をそぐ防衛策である。たとえば，かつてライブドアによるニッポン放送の敵対的買収の際に，ニッポン放送が所有していたフジテレビ株式を，ソフトバンク・インベストメントに賃貸したことなどはそれに該当するであろう。

8-5　グローバルな戦略提携

8-5-1　戦略提携とは何か

　経営戦略として最近注目されているのは，戦略提携，アライアンスである。**戦略提携**(strategic alliances)，**アライアンス**とは，パートナー企業が，相互のニーズや共通の目的を達成するために，パートナー個別企業が単独でおこなう

より効果的にかつリスクが小さいと認識される場合に，2社や多数の独立したパートナー企業間で，共同事業，同盟，グループ，協定，協力関係などの各種の提携関係を構築することである。戦略提携の基本的形態としては，合弁企業の設立，長期取引関係，各種の契約による形態などがある。

8-5-2　合弁企業の設立

　第1の形態としての**合弁企業**（ごうべんきぎょう）(Joint Venture) は，2つ以上の独立企業が資本を出資して，新たに会社を設立することである。日本の企業同士のケースとしては，ソニー，トヨタ，NTT，NEC，キオクシア，ソフトバンクなどの日本企業が出資し，先端半導体を製造するラピダス社，また日野自動車といすゞ自動車が出資し，バスを製造するジェイ・バス社，など多く存在している。

　合弁会社の設立の目的としては，自社のみでは開発・製品化がむずかしい新技術・新製品の開発・製造・販売，費用およびリスクの分散・共有化，新しい地域や顧客の開拓，海外での輸入制限の克服など，さまざまなものがある。

　日本でも，自国資本と海外資本との合弁企業も多く存在する。ジェットスタージャパン（JALと豪ジェットスターの合弁），ダウ・東レ（東レと米ダウの合弁）など，多くの合弁企業がある。

　海外での合弁企業では，多くが自国資本と海外資本との合弁である。日本企業の海外での直接投資の形態として，100％日本側出資の**完全所有子会社**，および主に現地側資本との合弁企業がある。たとえば，タイにおいて，トヨタ自動車と日産自動車は，ともにタイ資本のサイアムセメントとの合弁事業で進出している。

8-5-3　長期取引関係

　第2の戦略提携関係は，**長期取引関係**である。長期取引関係とは，パートナー企業相互の信頼を基礎とする継続的な顧客関係による提携である。この長期取引関係は，中間品，部品・原材料調達にしばしばみられる。海外の現地生産において，良質で安価な部品・原材料の調達が必要であることから，現地の

部品・原材料企業との長期的取引関係の構築は1つの重要な生産戦略である。

8-5-4 契　　約

第3の戦略提携として，**契約**による形態がある。**契約による戦略提携**には，技術・生産関連の契約としてライセンシング，契約生産，OEM契約，委託加工，共同技術・製品開発などがあり，その他，フランチャイジング，販売・マーケティング契約，コンソーシアムなどの形が存在する。この契約による戦略提携については，以降で詳しく説明する。

8-6　グローバルなライセンシング

8-6-1　ライセンシングとは何か

ライセンシング（licensing）とは，ある企業（供与企業：ライセンサー）が他の企業（受け入れ企業：ライセンシー）に対して，**特許**（patent），**ノウハウ**（know-how），**商標**（trademark），**著作権**（copyright）などの固有の権利，知識，技術を提供する契約である。ライセンシング契約は，通常ライセンシーに対して金銭的支払いとしてのロイヤリティー（royalty）と，その使用期間が明記されている。ライセンシングは，国内企業間，および国内企業と海外企業間で，多様な業種の企業でおこなわれている。

たとえば，東京ディズニーランドでは，アメリカのディズニー社からライセンスのもとでオリエンタルランド社が所有し，運営している。

8-6-2　ライセンシングのメリットとデメリット

ライセンシングの供与企業のメリットとして以下がある。

第1は，輸入や直接投資の制限をおこなっている国など，他の方法では進出がむずかしい市場での参入戦略として有効である。

第2は，ライセンシング料の収入確保である。商標，ブランド，研究開発の成果の提供（特許料など）により，追加的収入を得ることができる。

第3は，海外マーケット進出におけるコストやリスクの少なさである。ライセンシングは，直接投資などにより現地生産をするより，コストやリスクが少ない。政治的，経済的，経営的にリスクの高い国へ進出する場合，まず考慮すべき参入戦略である。

　第4は，近年ますます重要になってきている，グローバルな**業界標準・規格標準化**（デファクトスタンダード：de facto standard）の手段として有効である。国際的な規格標準の競争を制するために，多数の企業にライセンスをあたえることにより，市場での規格標準のシェアを高め，規格標準の優位性を確保する。

　たとえば，代表的なケースとしてスマホの基本ソフトとしての**グーグルのアンドロイドのケース**がある。アンドロイドを開発したグーグルは，ライセンシングを他社に原則として無料で提供した。その結果，アンドロイドが，ライバルのアップルと共にスマホの基本ソフトの世界の業界標準となった。

ライセンシングの供与企業のデメリットとして以下がある。

　第1は，ライセンシング供与企業は，受け入れ企業の生産戦略，マーケティング戦略，経営戦略に関して，ほとんど統制できないことである。それゆえ，ライセンシング供与企業は，受け入れ企業の生産をグローバルな視点での最適立地戦略に組み込むことはむずかしく，また，グローバルな視点での生産量の拡大による規模の経済も達成できにくい。

　第2は，ライセンシング受け入れ企業が，将来，ライセンシング供与企業の競争相手・ライバルとなる可能性があることである。受け入れ企業がその技術を獲得し，改良して，新たな製品を開発・製造し，市場に参入するかもしれない。これは，ライセンシング供与の最も重大な問題である。

　第3は，ライセンシング受け入れ企業が輸出したい場合，ライセンシング供与企業と市場割当を巡り利害対立するケースがある。すなわち，供与企業やその契約企業により製品供給されている国・地域に，受け入れ企業が輸出をおこないたいと思っている場合に利害対立が生じる。ライセンシング契約において，受け入れ企業が輸出することを規制する条項は加えることは可能である。

　共同研究開発や製品開発のために，企業間でのライセンシングの相互交換と

いう**クロス・ライセンシング**（cross licensing）契約がある。アジア企業と日本企業のケースでは，ソニーと韓国サムスン電子との液晶パネルに関するクロス・ライセンシング契約（後に解散した）などがある。

8-7 グローバルな共同技術・製品開発

共同技術・製品開発とは，2つ以上の独立企業が共同で，ある特定の技術開発や製品開発をおこなう提携である。環境技術や先端技術・次世代技術などのグローバルな共同技術・製品開発が注目されている。

代表的なケースとして，環境技術開発に関するトヨタとGMの共同技術提携，半導体などの最先端製品の共同開発に関する，各種の共同技術・製品開発などがある。

8-8 グローバルな契約生産

8-8-1 契約生産とは何か

日本企業の海外での戦略として，直接投資による生産拠点の設置はもちろん重要であるが，近年注目されているのは，委託生産，OEM生産といった契約生産による形態である。

契約生産（contract manufacturing）とは，ある企業が他企業の特定の製品を製造する協定である。海外で一般的なのは，ある企業（契約生産委託元企業）が海外の企業（現地契約生産企業）に対して生産に必要な技術を提供して，特定の製品を生産する契約である。契約生産は，海外に参入する1つの方法である。

国際的にみると契約生産には，代表的な2つの種類がある。

第1は，現地契約生産企業は，委託元企業から生産・技術の指導を受け現地で生産し，委託元企業のブランドや現地契約生産企業のブランドで，特定の製品を現地で販売する形態である。たとえば，ベトナムでは，現地の国営企業が，東芝，日立との契約生産契約により，テレビを生産し，東芝や日立のブランド

でかつて販売していたケースがあった。

　第2は，委託元企業が，生産・技術の指導をして，部品の生産やアッセンブリーを海外の現地契約企業がおこない，原則的に委託元企業が全量引き取る形態である。このケースの代表的形態は，後述するOEMである。

　契約生産には，メリットとデメリットがある。契約生産の委託元企業のメリットとして以下がある。

　第1は，海外企業に契約によって生産させるのであるから，新たな海外直接投資や資金投下をせずに，現地で生産し，現地参入ができることである。

　第2は，ライセンス供与のメリットと同じく，輸入や直接投資の制限をおこなっている国など，他の方法では参入がむずかしい市場に有効である。

　デメリットとしては以下がある。

　第1は，ライセンシングと同様，競争相手をつくり出す可能性があることである。将来，グローバルな競争相手に育つ可能性がある。

　第2は，現地契約生産企業が技術・生産面で不十分であると判明した場合，委託元企業は，技術・生産指導等の支援サービスを提供しなければならず，予想以上の経営資源の投入が必要になる可能性がある。

　契約生産の中でも，現地契約企業が生産した製品を委託元企業のブランドで販売するのがOEM契約である。

8-9　グローバルなOEM

8-9-1　OEMとは何か

　OEM（Original Equipment Manufacturing）は，ある企業（**契約生産委託元企業**）が他の企業（**契約生産企業**）に対して特定の製品を生産し，委託元企業のブランドで販売する契約生産の契約である。すなわち，OEMとは，契約生産企業に製品や部品を生産してもらい，それを自社ブランドで販売することである。

　OEMのケースとして，台湾ホンハイのアップルのスマホへのOEM，中国ハイアールの家電製品へのOEMなどがある。

委託元企業は，自社で製造するよりも，より安いコストで製品を調達でき，また自社で生産していない種類の製品も調達することが可能となり，製品ラインアップが増えるというメリットがある。契約生産企業は大量生産によるコストダウンが見込める。OEMには，委託元企業が設計図を渡して単に生産のみを委託する形態から，製品の設計を含めて生産委託する形態まで，多様である。

なお，近年グローバルに注目されているのは，**受託製造企業**である。代表的企業として，半導体を受託生産する台湾の**TSMC**，などがある。

8-9-2　OEMの目的

OEMの委託元企業の目的として以下がある。

第1は，自社製品ラインの品揃えを豊富にするために，自社に欠けている製品を，グローバルにOEM調達する。

第2は，みずからは得意分野に製品・事業を特化し，それ以外の分野の製品については，グローバルにOEM調達し，事業展開する。

第3は，OEMの製品が自社で開発・製造するより安いコストで調達できる場合，コスト削減効果を期待できる。

OEMの契約生産企業の目的として以下がある。

第1は，OEM供給することにより，製品の生産量が増大しグローバルな市場シェアを高め，さらに規模の経済性によりコストが引き下げられる。

第2は，工場に生産余力がある場合，OEM生産により有効活用が可能となる。

第3は，グローバルな**業界標準・規格標準化**（デファクトスタンダード）の手段としてOEMが有効である。すなわち，国際的な規格標準の競争を制するために，多数の企業にOEM供給することにより，市場での規格標準のシェアを高め，規格標準の優位性を確保するのである。

8-9-3　OEMの問題点とその回避策

OEMの委託元企業は，製品供給を契約生産企業に依存することになること

から、各種の問題点が生ずる可能性がある。将来の競争上の重要な要素となる**製造**という付加価値をコントロールできないという問題である。さらに、みずからの**技術開発力**の可能性を喪失し、将来の事業活動の発展性に支障が生じることにもなりかねない。この問題を回避するためには、以下の方法がある。

第1は、OEM委託元企業側が、**設計および技術力を開発しそのレベルを向上**させることによって、OEM製品の品質、特徴を確立するために仕様書、設計図によって製品を製作させることである。これにより、OEM契約生産企業に対して大きなコントロール能力を保持することが可能となる。

第2は、OEM委託元企業が、**代替しうる他の契約生産企業を開拓・維持**するのも、コントロール能力を確保するのに有効である。

第3は、OEM委託元企業が、長期的なグローバル事業戦略として、契約生産企業に**資本参加**し、グループ企業にすることである。

8-10 グローバルな委託加工（貿易）

委託加工（貿易）とは、必要な場合、原材料・部品や設備を海外から現地に持ち込み、現地企業が加工して製品として海外の委託発注企業が引き取る方法である。主に、人件費の安い、中国やベトナムなどの発展途上国でかなりおこなわれており、縫製（ほうせい）、繊維、スポーツ用品、雑貨などの分野で多くみられる。委託加工は、現地契約企業に対して製品仕様、デザインなど生産方法の指示をおこない、現地の低賃金の労働力を活用し、労働集約的な製品の加工を委託することで、委託発注企業は安いコストで製品の調達が可能となる。

日本のユニクロが中国や東南アジアの現地企業と委託加工契約を結び、ユニクロが指示したデザイン・仕様の衣服を現地で加工し、ユニクロが引き取って国内販売するという形態は、委託加工の代表的なケースであろう。また、海外企業でもアメリカのNIKEは、発展途上国での委託加工により、スポーツ用品をグローバルに販売している。

8-11　グローバルなフランチャイジング

　フランチャイジング（franchising）とは，**フランチャイザー**（franchiser）が**フランチャイジー**（franchisee：加盟店，加盟事業主）に対して商標，看板，商業的ノウハウなどの包括的なパッケージ販売に関する契約である。

　フランチャイズ化されたパッケージを個別企業が利用する際，通常，スタッフの訓練，顧客サービス，品質管理，および他の諸要件に関する規則の遵守を条件とする。加盟店や加盟事業主の売り上げの一定割合を，フランチャイザーに支払うのが通常である。一般的にフランチャイジングは，コンビニ，ファーストフード，専門店，飲食店，ホテルなどのサービス産業に多い。

　フランチャイジングは通常，加盟店・事業主間の競争をできるだけ回避するために，市場をそれぞれの加盟店・事業主間で分割している。フランチャイズ・パッケージの中にマネジメント・スキルのトレーニング，宣伝・広告の支援，技術的なトレーニング，開設・設備・内装に関する援助などは含まれているのが一般的である。このような包括的な支援により，フランチャイジー（加盟店，加盟事業主）に事業経験がなくても独立しやすくなっている。また，フランチャイザー側は，最小の投資で効果的に市場全体に事業展開ができるメリットがある。さらに，フランチャイジングによりグローバル展開もできる。

　ただし，**フランチャイジングの問題点**としては，一部のフランチャイジーとしての加盟店やチェーンのサービスが悪い場合，全体のブランド力が低下してしまう危険性がある。すなわち，フランチャイジーのサービスが基準を満たしていないと，ブランドのもつ国内や世界での評判を傷つけてしまうことである。このようなことがおこなわれないように，フランチャイザー側は監視する必要がある。さらに，フランチャイジーのサービスの質を保つための，従業員教育や各種の支援が不可欠である。

　日本企業の国際化戦略において，コンビニ，ファーストフード，専門店，飲食店，ホテルなどのサービス産業の企業において，進出国での事業展開におい

てフランチャイジングを用いているケースがある。たとえば，ローソン，ファミリーマートといったコンビニ業界，ダンキンドーナツ，ロッテリアといったファーストフード業界，CDやビデオレンタルのTSUTAYA，JALホテルなどが，東南アジアや中国などの事業展開において，フランチャイジング展開をおこなっている。海外企業でも，大手ホテルチェーンであるホリデーイン，リージェント，ヒルトンなどでも，一部のホテルでフランチャイジングによりグローバル展開している。

8−12 グローバルな販売・マーケティング契約

　販売経路，共同プロモーション，販売ノウハウ，販売要員等の活用，相互品揃え，共同販売，海外販売などの協定が，**販売・マーケティング契約**である。
　たとえば，コンビニでの宅配，郵便，キャッシュ・ディスペンサーのサービス，などがある。また航空会社グループ（ワン・ワールド，スター・アライアンス）内のマイレージサービスなどグローバルなケースがある。

8−13 グローバルなコンソーシアム

　特定のプロジェクト実行のため，独立企業がプロジェクトの分担をおこない，多数の企業と共同しておこなう形態の1つとして，**コンソーシアム**（consortium）がある。
　コンソーシアムは，航空機開発，建設，インフラ，資源開発，鉱業などの大規模プロジェクトにおいて，グローバルなレベルで広がってきている。たとえば，ボーイングやエアバスの新型旅客機開発では，日本企業も参加している多数の企業によるコンソーシアム形態による事業である。
　コンソーシアムには，リスクの分散，専門知識の共有，コストの削減，完成時間の短縮などのメリットがある。ハイテク，資源開発，インフラ建設といった大規模プロジェクトでは，グローバルなコンソーシアムがますます一般的と

なりつつある。コンソーシアムの一部ではライセンシング，クロス・ライセンシングやマネジメント契約など他の形態の協定と結びついている。

日本企業の海外でのコンソーシアムは，インフラ関連，天然資源開発，航空機開発などのプロジェクトに多い。

8-14　グローバルなBPO

ビジネス業務の外部委託であるBPO（Business Process Outsourcing）が，グローバルに増加し，発展している。たとえば，コールセンター，事務，ソフト開発などを海外の企業の委託でおこなうケースである。

（参考文献）

チャールズ・W・L・ヒル（鈴木泰雄他訳）『国際ビジネス』第1巻，第2巻，第3巻，楽工社，2013年。

ナンシー・ハバード（高橋有紀子訳）『欧米・新興国・日本16ヵ国50社のグローバル市場参入戦略』東洋経済新報社，2013年。

井原宏『国際事業提携』商事法務研究会，2001年。

小田部正明，クリスチアン・ヘルセン（横井義則監訳）『グローバル・ビジネス戦略』同文舘出版，2001年。

神田秀樹『敵対的買収防衛策』経済産業調査会，2005年。

丹野勲『日本の国際経営の歴史と将来』創成社，2021年。

第9章

グローバルなマーケティング戦略

Summary

本章では、グローバルの視点から、マーケティングの中心的課題であるブランド戦略、価格戦略、広告・販売促進戦略、流通戦略、および国際マーケティング戦略について考察する。

ブランド戦略では、主要な戦略として個別ブランド、ファミリーブランド、複数ファミリーブランドについて説明する。価格戦略では、主要な戦略として、原価志向、需要志向、競争志向について考察する。また、新製品の価格戦略として、上層吸収、市場浸透、製品ミックスについて説明する。広告・販売促進戦略として、広告媒体の種類とその長所と短所、広告の目的として報知的広告、説得的広告、想起的広告について述べた後に、販売促進戦略について考察する。流通戦略については、主要な流通経路のパターンを中心として考察する。国際マーケティング戦略では、グローバル・セグメントとグローバル・ポジショニングという2つの概念から、国際マーケティング戦略を類型化して、議論する。

9-1 マーケティング戦略とは何か

マーケティング (marketing) は、市場での製品やサービスの交換という取引を通して、顧客のニーズと欲求を充足することを目的とする活動である。マーケティング戦略の内容として、**マーケティング・ミックス** (marketing mix) といわれる**製品政策** (product)、**価格政策** (price)、**広告・販売促進政策** (promotion)、**流通政策** (place) の4Pがある。

本章では，グローバルな製品政策の中心的課題の1つであるブランド戦略，価格戦略，広告・販売促進戦略，流通戦略，および国際マーケティング戦略について説明する。**グローバル・マーケティング**は，海外での環境要因に相違があり，それを考慮すべきであるが，基本的には，国内マーケティングの拡張であるといえる。

9-2　ブランド戦略

　製品やサービスを識別し，競合他社のものと差別化をはかるために，名前，名称，記号，シンボル，デザイン，あるいはその組合せが，**ブランド**（brand）である。ブランドが，法律上の保護を受けたものが**商標**である。

　たとえば，日本企業を代表する世界的ブランドとして，ソニー（SONY），パナソニック（Panasonic），ホンダ（HONDA），トヨタ（TOYOTA），ニッサン（NISSAN），ニコン（NIKON），キヤノン（Canon）などがある。

　ブランドの戦略として以下がある。

9-2-1　個別ブランド戦略

　個々の製品ライン別にブランドをつけるのが，**個別ブランド戦略**である。

　スイスの時計企業であるスウォッチ・グループは，オメガ，ロンジン，ラドー，ティソ，スウォッチなど，グローバルレベルで個別ブランド戦略をとっている。ファッションなどの企業にしばしばみられる。

　この戦略の利点は，企業全体の評価と製品の市場での評価が切り離されていることである。高級品メーカーが，低価格製品を個別ブランドで出し，その新製品が失敗しても，企業全体の評価は損なわれない。また，企業が自社名にこだわらず，新製品に最もふさわしいブランドをつけることができる。

　この戦略の欠点は，個別ブランドごとにグローバルにブランドを浸透させなければならないため，販売促進コストの負担が大きいことである。特に，多数の製品ラインをもつ企業では，より販売促進コストの負担が大きい。

9-2-2　ファミリーブランド戦略

　企業の全製品やサービスで，グローバルに，統一したブランドをつけるのが，**ファミリーブランド戦略**である。

　米国企業のデル，アップル，マイクロソフト，グーグル，日本企業のソニー，キヤノン，パナソニック，ホンダ，マツダなどが，ファミリーブランド戦略をとっている。

　この戦略の利点は，既に確立されたブランドのため，広告費などが少なくなるなど，製品の市場導入コストが小さくなることである。特に，ファミリーブランドが多くの信頼を得ていれば，新製品の市場導入がスムーズにいく。

　この戦略の欠点は，企業の全製品やサービスで，グローバルに，統一したブランドをつけるため，品質，サービスなどがかなり異なる製品であっても，消費者は平均的な品質しか期待しないことである。

9-2-3　複数ファミリーブランド戦略

　企業の同一製品のカテゴリーで，グローバルに，2つあるいはそれ以上のブランドをつけるのが，**複数ファミリーブランド**である。

　トヨタ自動車のトヨタとレクサス，セイコー社のセイコーとアルバ，ユニクロ社のユニクロとGUなど，複数ファミリーブランド戦略をとっている。レクサスは，世界の高級車市場で成功したケースである。

　この戦略の利点は，企業の製品ラインの品質その他の内容で差異がある場合，2つ以上のブランドとすることで，グローバルな消費者にその違いを認識させやすいことである。

　この戦略の欠点は，2つ以上のブランドを浸透させなければならないため，グローバルな販売促進コストの負担が大きいことである。特に，新しいブランドを導入する場合，より販売促進コストの負担が大きい。

9-3　価格設定の基本戦略

　製品価格の主要な設定の方法として，原価志向価格設定，需要志向価格設定，競争志向価格設定などがある。これは，グローバルにみても同じである。

9-3-1　原価志向価格設定

　原価を基準として価格を決める方法が，**原価志向価格設定**である。この代表的方法として，コストプラス法がある。**コストプラス法**は，製造コストおよびマーケティングコストに一定の利益を上乗せして価格を決定する方法である。

9-3-2　需要志向価格設定

　消費者の知覚・心理や需要を基準に価格設定をおこなう方法が，**需要志向価格設定**である。この代表的方法として，知覚価値法，差別価格法，慣習価格法，威光価格法，端数価格法などがある。

① 　知覚価値法

　製品の価格を顧客がどう考えるかという知覚価値を測定して，それを基準に価格を設定するのが，**知覚価値法**である。

　この戦略として，海外のロープライスショップ（日本ではダイソーなど）は，消費者が求めていた，ほぼ均一の価格帯での低価格商品を開発し，成功しているというケースがある。

② 　差別価格法

　市場のセグメントが可能で，セグメントごとに需要強度が異なる場合，原価は変わらないものの，価格を変える方法が，**差別価格法**である。セグメントが可能な顧客層別に，製品形態，場所，曜日，時間などにより違った価格を設定する方法である。

　たとえば，製品の表面仕上げ・デザインの違いなどによる製品形態別，航空機のチケットの座席などによる場所別，季節・曜日・時間帯などによる時間別

に，価格を変えるという価格戦略である。

③ 慣習価格法

消費者に製品の価格が長期間一定しているような，慣習化した価格があるため，この価格を設定する方法が，**慣習価格法**である。

たとえば，清涼飲料水，ビール，菓子などの製品にしばしばみられる。

④ 威光価格法

製品やサービスのステータス・高品質を強調するために，あえて高めに価格を設定する方法が，**威光価格法**である。

たとえば，高級時計，高級乗用車，宝飾品などの，いわゆるグローバルで著名なブランド品の価格戦略としてしばしばみられる。

⑤ 端数価格法

1,980円，19,800円のように端数をつけた価格を設定することにより，大台より安く感じさせる方法が**端数価格法**である。海外でも，よくみられる。

9-3-3 競争志向価格設定

競争企業が設定する価格を基準に価格設定をおこなう方法が，**競争志向価格設定**である。この代表的方法として，実勢価格法，競争価格法などがある。

① 実勢価格法

業界の平均価格を基準として価格を設定するのが，**実勢価格法**である。これは，グローバルにみると，製品が比較的同質で，コモディティ化し，モジュール化した場合，また，競争の激しい業界でもしばしばみられる。

たとえば，競争が激しく，値下げ競争が激烈な液晶テレビ，パソコン，スマホ，家電などの業界では，実勢価格による価格決定がみられる。

② 競争価格法

競争企業の価格を基準として，それよりも低い価格を設定するのが，**競争価格法**である。競争企業より低めに価格を設定することで，マーケットシェアを高めようとする価格戦略である。たとえば，中国や韓国企業などにみられる。

9-4　新製品の価格戦略

9-4-1　上層吸収価格戦略

　新製品に対して，価格に敏感でない顧客を対象に，高価格を設定する戦略が，**上層吸収価格戦略**（skimming price strategy）である。利益を十分確保する価格を設定するため，開発に要した費用を早く回収することができる。上層吸収価格戦略は，顧客にとって非常に価値のある製品で，市場の不確実性が高い場合に，とられる戦略である。

　海外でも一定の高所得者が存在するため，この戦略をとることもある。

9-4-2　市場浸透価格戦略

　新製品に対して，低めの価格を設定し，グローバルに高い市場占有率を確保し，規模の利益を確保しようとする戦略が，**市場浸透価格戦略**である。価格が下がれば需要が急拡大する，**需要の価格弾力性が高い**製品，また生産量が増えればコスト優位性が拡大する，**規模の経済性**がはたらく製品などで，この戦略がしばしばとられる。また，発展途上国への戦略でも，しばしばみられる。

　たとえば，スマホ，テレビ，パソコン，**モジュール化**や**コモディティ化**された製品，パソコン，スマホソフトなど，競争の激しい業界の製品にみられる。

9-5　製品ミックス価格戦略

　企業は通常，1種類の製品のみではなく，複数の製品を販売している。製品価格を設定する場合，複数の製品全体としての製品ラインを考慮した戦略が**製品ミックス価格戦略**である。製品ミックス価格戦略では，製品全体で利益を最大化する価格設定をおこなう。主要な製品ミックス価格戦略として以下がある。

9−5−1 製品ライン価格戦略

ある製品ラインについてまとまった価格帯が形成されている場合，その価格帯に合わせて価格を設定する方法が，**製品ライン価格戦略**である。

たとえば，デジタルカメラ市場をみると，高級一眼レフデジカメの価格帯，高級デジカメの価格帯，中級デジカメの価格帯，低価格デジカメの価格帯がほぼ形成されており，この価格帯を基準として製品価格を決定するのである。

9−5−2 オプション製品価格戦略

製品やサービスの本体と，オプションの製品・付属品やサービスを組み合わせて販売する方法が，**オプション製品価格戦略**である。通常，本体にオプションを加えた合計価格を低めにしている。

たとえば，乗用車と付属品，パソコンとソフト，スマホとソフト，ホテルとテーマパーク，宿泊と食事，パッケージツアーなどがある。

9−5−3 キャプティブ価格戦略

本体価格を低めに価格に設定して，本体に必ず必要な製品（補完製品）やサービスを販売することにより利益を得る方法が，**キャプティブ価格戦略**である。

たとえば，プリンターとインク，ゲーム機とゲームソフト，コピー機とトナーや用紙，カメラとフィルム，スマホと通信サービスなどがある。

9−6 広告・販売促進戦略

9−6−1 広告・販売促進戦略とは何か

企業や製品・サービスに関する情報を，企業名を明らかにして，有料媒体を通した，買い手や一般の人々とのコミュニケーション対応が**広告**である。広告は，製品やサービスに関する内容，価格などの情報提供，自社ブランドの優位性などをアピールすること，などを目的としている。

広告以外に消費者の購買や流通業者を刺激するマーケティング政策が，**販売促進**である。販売促進として，流通業者や販売店に対する販売促進，消費者に対する販売促進など，広範囲にわたる戦略がある。

9-6-2 広告媒体

広告媒体として，新聞，雑誌，ラジオ，テレビ，ダイレクトメール，屋外広告，インターネット，SNSなどがある。表9-1は，主要な広告媒体の長所と短所をみたものである。なお，この表以外の広告媒体として，新聞折り込み広告，チラシ，カタログ，電話，交通広告（駅貼りポスターや中吊り広告など），POP広告（店頭における掲示，ポスターなど）などがある。

表9-1 主要広告媒体の短所と長所

媒体	長所	短所
新聞	タイムリー。受容が広範囲。地方や全国市場をカバーできる。信頼性が高い。柔軟性が高い。	広告寿命が短い。広告をじっくり見てくれる読者が少ない。視覚のみの訴求。
雑誌	読者層別のセグメントの選択性が高い。広告寿命が長い。読者がじっくり見る可能性が高い。	広告が出るまで時間がかかる。視覚のみの訴求。
ラジオ	多くの聴取者を対象に出来る。地域別に選択できる。コストが安い。	テレビよりも注目度が低い。音のみの訴求。広告が短命。
テレビ	映像，音声，動きにより，感覚に訴え，注目度が高い。広い範囲をカバーする。	コストが高い。広告が短命。視聴者の選択制が薄い。
ダイレクトメール	対象の選択性の高さ，融通性。多くの情報を提供できる。	個別当たりのコスト高。
屋外広告	融通性と反復露出ができること。コストが安い。	対象の選択制が薄い。特定の場所に限定。
インターネット	広告が，取引，支払いに結びつく。対象の選択性の高さ，融通性。多くの情報を提供できる。タイムリー。コストが安い。	注目度が低い。特定の購買者の限定。

9-6-3 広告のタイプと目的

広告の目的によって報知的広告（情報提供型広告），説得的広告，想起的広告に分類できる。表9－2は，3つの広告のタイプと目的をあらわしたものである。グローバルにみると，広告では，**文化的環境**も考慮する必要がある。

表9－2　広告のタイプと目的

広告のタイプ	広告の目的
報知的広告 （情報提供型広告）	新製品について市場に向けて語るとか製品の新用途を示唆する。価格変更を報知する。製品がどのように機能するかを説明する。利用可能なサービスを記述する。誤った印象を是正するとか，消費者の恐れを減少させる。企業イメージを作りあげる。
説得的広告	ブランド選好を作りあげる。自社ブランドにスイッチすることを奨める。製品属性についての消費者知覚を変える。顧客にいま購入するよう説得する。
想起的広告	消費者に近い将来製品が必要とされるかもしれないことを想起させる。製品をどこで購入するかを消費者に想起させる。シーズン・オフに消費者の心に製品を留めるようにする。製品についてできる限り多くの人の認知を持続する。

出所：コトラー，P.（宮澤永光，十合暁，浦郷義郎訳）『マーケティング・エッセンシャルズ』東海大学出版会，1986年，430ページ，一部修正

報知的広告（情報提供型広告）とは，製品やサービスの内容，価格，利点，用途，機能などを伝えることを目的とする広告である。新製品の導入期によく用いられる。たとえば，新型車の広告で，新しい技術，デザイン，性能，価格などの内容をアピールする。

説得的広告とは，製品やサービスの優位性を明らかにしようという広告である。自社ブランドの優位性を明らかにしようとするものもある。成長期で，競争の激しい市場においてよく用いられる。たとえば，新製品の食品が，いかに健康によく，ヘルシーで，おいしいかを説得する。最近では，日本でも他社ブランドと比較して自社ブランドの優位性をアピールする**比較広告**があらわれてきている。

想起的広告（リマインダー広告）とは，消費者が自社の製品，ブランドを忘れさせないことを目的とする広告である。成熟期の市場においてよく用いられる。たとえば，サントリーのウイスキー，アサヒ，キリンのビール，コカコーラの広告などの多くが，すでに確立されたブランドを維持し，強化することを目的とした広告である。

9-6-4 販売促進戦略

広告以外の販売促進戦略として，販売店に対する販売促進，消費者に対する販売促進などがある。この戦略は，グローバルにみてもほぼ同様である。

販売店に対する販売促進策として，実物見本の提供，カタログ・パンフレットの提供，店員訓練・講習，実演，経営指導，キャンペーン，販売コンテスト，仕入れアロワンス（割引），陳列棚の提供などがある。**消費者に対する販売促進策**として，試供品，クーポン，プレミアム（おまけ品），スタンプ，ポイントカード，会員カード，懸賞，ティッシュの配布（海外ではない）などがある。

9-7 流通戦略

メーカーから消費者への，製品やサービスの取引の流れが**流通経路**である。図9-1は，主要な流通経路をあらわしたものである。

図9-1　流通経路のパターン

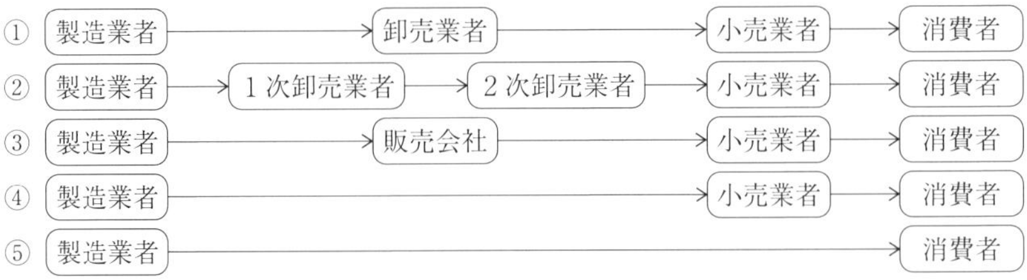

① 製造業者 → 卸売業者 → 小売業者 → 消費者
② 製造業者 → 1次卸売業者 → 2次卸売業者 → 小売業者 → 消費者
③ 製造業者 → 販売会社 → 小売業者 → 消費者
④ 製造業者 → 小売業者 → 消費者
⑤ 製造業者 → 消費者

第1と第2のパターンは，製造業者，卸売業者，小売業者，消費者という最も一般的な流通経路である。第2のパターンは，卸売業者が1次卸と2次卸の

2つのチャンネルがあるケースである。**卸売業者の機能**として，輸送と在庫，流通金融，危険負担，需給調整などがある。

　第3のパターンは，製造業者の系列・関連会社などの販売会社を経由して小売業者に流れる流通経路である。日本では，自動車，家電，化粧品などの業界でこのパターンがみられる。

　第4のパターンは，製造業者から小売業者に直接流れる流通経路である。日本では，**POS**（Point Of Sale：購買時点情報管理，商品の発注や在庫管理のネットシステム）の発達にともなってコンビニ，スーパーなどの業界で，**プライベート・ブランド**（private brand：小売業者のブランド）を中心としてこのパターンがみられる。また，アマゾンなどの**EC**（電子商取引）が発展している。

　第5のパターンは，製造業者から消費者に直接流れる流通経路である。このパターンには，訪問販売，通信販売，インターネット販売などがある。特に，世界的にインターネットの発達にともなって，インターネット販売が急速に拡大している。

　グローバルにみると，発展途上国や所得の低い国の方が所得の高い国に比較して流通経路は長い傾向にある。ただし，世界的なインターネットの発展は，流通経路の短縮化を促進している。

9-8　国際マーケティング戦略

　国際マーケティング戦略においては，グローバルなレベルでの**セグメント**と共通の特徴を持って区分されるグループ・顧客・市場という**ポジショニング**（競争上の位置づけ）から，図9-2のように分類することができる。

　グローバルなレベルでのセグメントは，外国市場を細分化する戦略である。この戦略には，外国市場において世界共通のグローバル・セグメントをとるか，地域・特殊（多様な）セグメントなど異なったセグメントをとるかという，2つの戦略がある。**世界的なセグメント**とは，海外でも顧客には共通のニーズがあると考え，各国共通の市場を対象とする戦略である。たとえば，高級自動車，

高級家電などの耐久消費財，クレジットカード，パソコン，ソフト，インターネット，航空などの各国消費者のニーズの共通性が高い製品やサービスでは，世界的なセグメント戦略がよく用いられる。一方，**異なったセグメント**とは，海外での国や地域での顧客ニーズの選好や嗜好が多様であるため，国境を越える共通のセグメントを追求するよりも，むしろ，それぞれの地域や国の個別市場で，最も魅力的な標的市場に努力を集中する戦略である。たとえば，日本向け，アメリカ向け，ヨーロッパ向け，アジア向け，新興国向けなどと，異なった地域に適した製品を開発・販売する戦略である。

図9-2　グローバルなポジショニングとセグメンテーション戦略

	世界的なセグメント	異なったセグメント
世界的なポジショニング	①	②
異なったポジショニング	③	④

出所：小田部正明，クリスチアン・ヘルセン（横井義則監訳）『グローバル・ビジネス戦略』同文舘出版，2001年，101ページ，一部修正

グローバルなレベルでのポジショニングは，各国の顧客に対して，自社の製品やサービスが競争企業との比較で差別化され，競争優位を保つ戦略である。たとえば，企業は製品・サービスコンセプト，価格，性能，品質，機能，ブランドイメージ，マーケティング・ミックス，デザイン，アフターサービスなどで，ポジショニング戦略をとる。この戦略には，世界中同一のポジショニングをする**世界的なポジショニング**と，個々の市場に適したポジショニングをする**異なったポジショニング**という2つの戦略がある。

図9-2の①は，世界的なセグメントを対象として，世界的なポジショニングを採用する国際マーケティング戦略である。たとえば，アメリカ自動車会社GMの大型高級車キャデラックでは，各国の高所得者市場を対象として，スタイリング，技術，パフォーマンスをコンセプトとした世界的なポジショニング戦略をとっている。米国多国籍企業であるマクドナルド，コカ・コーラ，ス

ターバックスなどがこの戦略をとっている。欧州企業ではメルセデス・ベンツ，BMW，ポルシェなどがある。日本企業では，ソニーなどがこの戦略を重視している。

②は，異なったセグメントを対象として世界的なポジショニングを採用する国際マーケティング戦略である。トヨタやホンダが，日本仕様車，アメリカ仕様車，アジア仕様車，また小型車から大型車まで開発・製造・販売し，ポジショニングはグローバル共通の戦略をとるケースがある。

③は，世界的なセグメントを対象として，異なったポジショニングを採用する国際マーケティング戦略である。たとえば，ハイネケン，バトワイザーなどのビールは，本国では主流ブランドであるが，海外ではプレミアム・ブランドとしてのポジショニング戦略をとるケースがある。

④は，異なったセグメントを対象として，異なったポジショニングを採用する国際マーケティング戦略である。製品を地域や国の特性に合わせて開発・製造・販売し，ポジショニングも現地の特有のニーズに合わせた戦略をとるのである。たとえば，日本独特の食品，飲料，日本酒などを海外で販売する場合，この戦略をとるケースがある。

9-9 BOPマーケティング

SDGs（持続可能な開発目標）で貧困をなくすという世界的な動きがあり，BOP（Base Of the economic Pyramid）のマーケティングが注目されている。BOPでは，世界が占める発展途上国などの貧困層を対象とするビジネスのため，特有のマーケティング戦略が必要である。

たとえば，製品・サービスについては，低価格，ムダを省いた製品，サブスクリプション，新たな流通網などの工夫が必要である。

BOP市場は，利益率は一般的に少ないが，世界で巨大な人口があり，成長率も今後高いと予想されるため，SDGsの視点からも，将来，最も注目されるマーケット（市場）であろう。

(参考文献)

コトラー, P.(村田昭治監訳)『マーケティング・マネジメント』プレジデント社, 1983年。

コトラー, P.(宮澤永光, 十合晥, 浦郷義郎訳)『マーケティング・エッセンシャルズ』東海大学出版会, 1986年。

コトラー, P.(恩蔵直人監訳)『コトラーのマーケティング・コンセプト』東洋経済新報社, 2003年。

小田部正明, クリスチアン・ヘルセン(横井義則監訳)『グローバル・ビジネス戦略』同文舘出版, 2001年。

和田充夫, 恩蔵直人, 三浦俊彦『マーケティング戦略』有斐閣, 2022年。

第10章

グローバルな組織構造論

Summary

本章では、グローバルな視点で経営組織論の基礎である組織構造について考察する。組織構造は、部門化と階層化が基本となっている。部門化の基準としては、職能別、地域別、製品別、工程別、顧客別、プロジェクト別、マトリックスなどがある。組織構造では、集権化と分権化の概念が重要である。組織が大規模化すると、一般的に集権化の欠点が生じてくるので、分権的組織が採用される。分権的組織として事業部制、社内カンパニー制、また、より進んだ形態として持株会社、会社分割、分社化について説明する。

組織の成長と変化に関する組織のライフサイクルについても考察する。組織のライフサイクルとして、起業者段階、共同体段階、公式化段階、成熟期段階について議論する。

10-1　組織の基本構造

10-1-1　組織構造とは何か

組織は、参加する人が多くなると、**組織構造** (organization structure) をもつようになる。すなわち、仕事の分担と、指示をする者と指示を受ける者との関係である。実際に存在する組織は、一般的に仕事の分担のためにいくつかの**部門**をもち、指示・命令関係としての**階層**をもつ**ピラミッド型組織構造**である。組織論では、前者を部門化、後者を階層化とよんでいる。

図10-1は、企業の典型的な組織構造をあらわしている。

部門化 (departmentation) とは，組織を部門に分けて運営することであり，水平的分業 (横の分割) を意味する。部門化は，**分業の原理**にもとづいて生じている。すなわち，仕事をそれぞれ専門的に分担した方が，効率的で能率的であるということによる。

　階層化 (hierarchy) とは，リーダーと非リーダーとの間の**垂直的分業**である。すなわち，組織は，指図・命令し調整しないと円滑に共同の仕事が達成できないため，1人がリーダーとなり，他のメンバーは指示・命令を受ける立場の者となる。

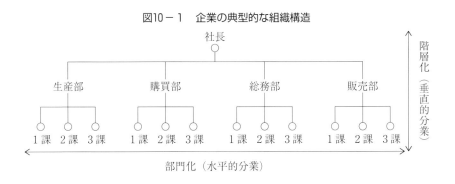

図10-1　企業の典型的な組織構造

　では，なぜこの垂直的分業により階層が生じるのであろうか。それは，**統制の範囲** (span of control) のためである。統制の範囲とは，1人の上司が指図・命令し統制できる部下の数には限りがあるという原理である。人間には能力に限界があり，多数の部下を1人の人間が管理することは困難である。統制の範囲が存在するために，大きな組織では，部門化により，階層が生ずる。ただし統制の範囲は，上司の能力，仕事の性質，部下の能力，権限の委譲などによって異なってくる。統制の範囲と階層について，組織のメンバーが同じ場合，統制の範囲が広い (つまり部下の数が多い) と組織の階層は少なくなり (**フラットな組織**である)，統制の範囲が狭い (つまり部下の数が少ない) と組織の階層は多くなるという関係がある。近年，IT (**情報技術**)，AI (**人工知能**) などの進歩により，企業は階層の少ないフラットな組織になりつつある。

10-1-2 ライン型組織とファンクショナル型組織

ライン型組織とは，組織の中のメンバーが1人の人としか権限関係をもたない（つまり1人の上司のみの指示・命令を受ける）組織構造である。**図10-2**は，ライン型組織の例である。ライン型組織では，上位者の指示・命令が一直線に下位者へと伝達される構造となっている。ライン型組織は，経営組織において最も一般的な組織構造である。

図10-2 ライン型組織

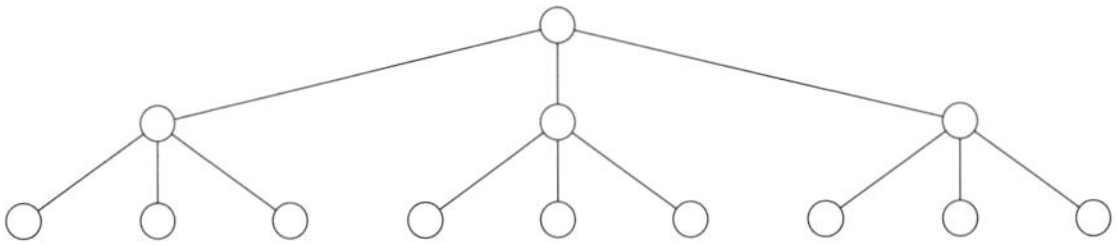

ファンクショナル型組織とは，1人の部下が複数の上司から指示・命令を受けるという複数の権限関係を同時にもつ組織構造である。**図10-3**は，ファンクショナル型組織の例である。

図10-3 ファンクショナル型組織

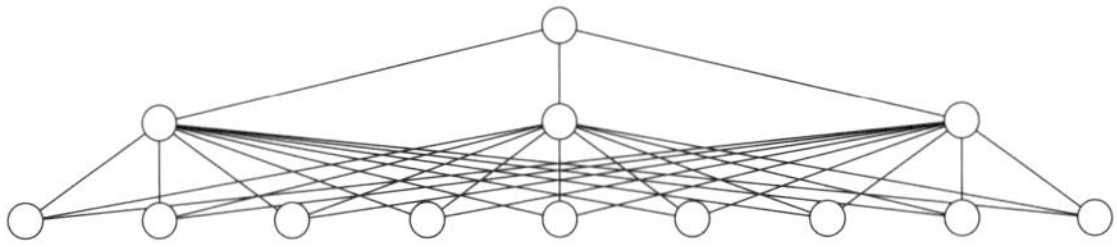

ファンクショナル型の組織構造を最初に提案したのは**テイラー**（Taylor, E. W.）であるといわれている。テイラーは，彼の**科学的管理法**で，**職能式職長制**（functional foremanship）を提案した。これがファンクショナル型の組織に相当するものである。すなわち，テイラーは，従来の1人の万能職長に代えて，8人の専門職長を設定し，それぞれが工員に直接その専門事項については指示・命令を出すということを考えたのである。テイラーの主たるねらいは，専門的な能力と知識をもつ職長の導入にあった。

ライン型組織とファンクショナル型組織の特徴についてみてみよう。

ライン型組織の特徴は、**命令系統が一元的**であることから権限関係が明快で、下位者が命令により混乱しないことである。これに対して、ファンクショナル型組織は**命令系統が多元的**であることから、権限関係が複雑で、下位者が命令によりコンフリクト、混乱する場合があることである。しかし、ライン型組織では、管理者の負担が大きくなりがちな点に問題がある。ラインでの管理者はすべての万能の能力を要求されるのに対し、ファンクショナル型組織では分担した専門事項のみでよい。

10-1-3　スタッフ

実際の企業組織では、ライン型にはスタッフ（staff）を加えた型が一般的である。**スタッフ**は、補助的ないし専門的な人、部門である。スタッフは、通常ラインに対して指示や命令ではなく、助言や勧告をおこなう。スタッフには、国際、法務、人事、ITなどの**専門スタッフ**、トップマネジメントを補佐する計画・立案・調査担当の**ゼネラルスタッフ**、サービス業務（情報、運搬、印刷・コピーのような補助的活動）をおこなう**サービススタッフ**がある。

10-1-4　部門化の基準

組織において、仕事をどのように分担するかというのが、**部門化の基準**である。部門化の基準として、職能（専門）別、地域別、製品別、顧客別、工程別、プロジェクト別、またはマトリックス組織がある。

職能別部門化とは、販売、財務、人事、生産、技術開発、海外、国際、購買、広報、法務、調査、情報といった**職能**（function）によって部門化することである。職能別部門化は、専門化の利点を活かす基本的な組織構造である。

地域別部門化とは、統括する地域別に部門化することである。特に、企業の販売部門、流通業などの産業では、各地の営業所または支店、販売子会社などを地区別に統括する地域別部門化がよくみられる。グローバル地域別もある。

製品別部門化とは、製品別に部門化することである。特に多数の製品を扱う企業の場合、製品別部門化をとることがある。製品別部門化は、特定の製品に

ついて国内と海外の一貫した経営戦略を計画し実行できるという利点がある。

工程別部門化は，生産の作業の順序に従って部門を分割することである。工場などの生産部門でよくみられる部門化の基準である。

顧客別部門化は，顧客の種類による分類である。たとえば，顧客の種類として，法人向け（一般企業），個人向け（一般消費者），官公需（官庁）などの分類，男性，女性などの性による分類，幼児，児童，若者，中年，老人等の年齢層による分類，高額所得層と一般所得層による分類，マニア向けか一般向けかの分類，国内と海外による分類，などによる部門編成である。

プロジェクト別部門化とは，特定のプロジェクト活動をまとめて1部門に編成することである。たとえば，ビル建設，不動産開発，インフラ（道路，港湾，飛行場，鉄道等）の建設，プラント建設，発電所建設といった大きなプロジェクトを遂行するために，特別に編成したチームを設定することである。

マトリックス組織（matrix organization）とは，複数の部門化の基準からなる，2つ軸にもとづく組織構造である。図10-4は，マトリックス組織をあらわしたものである。この組織は，1人の人間が，同時に2つの部門に所属し，2人の別の部門の上司から命令を受けるという構造である。マトリックス組織は，1つの部門化の基準のみの欠点を克服できる利点がある。しかし，1人が2つの部門に属しているため，命令の統一性に反しており，複雑になるという欠点がある。

図10-4　マトリックス組織

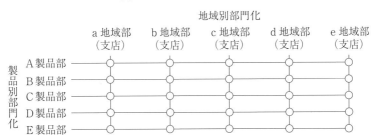

組織において，どの部門化の基準が合理的であるかは，その組織の性格，規

模，状況によって決まる。そのため，どの部門化の基準が優れているということはない。また，1つの組織は大規模であるほど，いくつかの部門化の基準を組み合わせているのが一般的である。

10-2 分権化の組織

10-2-1 分権化と集権化

組織の上位者が下位者に対して権限を委譲することが，**分権化**（decentralization）である。これに対して，**集権化**（centralization）とは，組織が権限の委譲をしていないことである。近年，どちらかというと分権化が進んでいる。

10-2-2 集権化の欠点

組織の規模が大きくなってきたとき，集権化は以下のような欠点が生ずる。

第1は，大きな組織で，トップがすべての意思決定を適切におこなうことは，物理的，能力的にむずかしい。

第2は，階層の数が多く，情報・命令が多くの階層を経由するため，意思決定とその実施に迅速性を欠くようになる。

第3は，大きな組織を1人の人間が管理することは不可能であるため，組織の末端に十分な注意を払うことができなくなる。

第4は，情報または命令が伝えられるのに，多くの階層を通過するため，伝達内容に歪みが生ずるおそれがある。

組織の規模が大きくなると，以上のような欠点が生じてくるので，企業は分権的な組織を採用するようになる。

分権的な組織形態として，事業部制，社内カンパニー制，持株会社，企業分割，分社化，海外地域本社制などがある。

10-3 事業部制

10-3-1 事業部制とは何か

1つのまとまった事業を中心に編成した部門であり，その事業部に大幅な権限委譲をした組織が，**事業部制組織**（divisionalized organization）である。事業部は，独立の会社のごとく運営する，分権的な組織構造である。事業部は，通常，**利益単位，プロフィット・センター**として機能している。

図10-5　事業部制組織

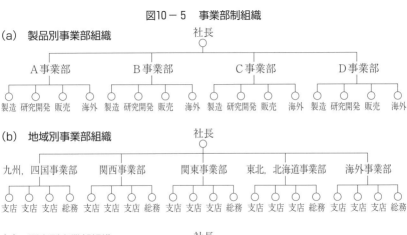

事業部制では，製品別，地域別，顧客別編成が一般的である。

製品・サービスの種類によって部門化した事業部組織が，**製品別事業部組織**である。図10-5（a）は，製品別事業部組織のケースをみたものである。

国内・海外の地域によって部門化した事業部組織が，**地域別事業部組織**である。図10-5（b）は，地域別事業部組織のケースをみたものである。

顧客によって部門化した事業部組織が，**顧客別事業部組織**である。図10－5 (c) は，顧客別事業部組織のケースをみたものである。

10－3－2 事業部制の長所と短所

表10－1は，事業部組織の長所と短所をまとめたものである。

表10－1　事業部制の長所と短所

長所	短所
1．不確実で，不安定な環境での変化に迅速に適応できる。 2．職能間の調整が容易である。 3．組織が製品，地域，顧客の相違に対応できる。 4．複数の製品を持つ大規模組織で最も有効に作用する。 5．意思決定が分散されている。	1．職能別の規模の経済性を損なう。 2．製品ライン間の調整が難しくなる。 3．製品間の統合や標準化が難しい。 4．製品開発・研究開発に重複が生じる可能性がある。 5．組織全体の利益になる基礎研究よりも製品ラインの利益になる応用研究を重視するような，技術的な専門性を高めにくい。

出所：ダフト（高木晴夫訳）『組織の経営学』ダイヤモンド社，2002年，74ページ，一部加工

事業部制の長所は，権限が大幅に委譲されているため，**変化の激しい市場環境においても，迅速に対応**することができることである。また，事業部の中に研究開発，製造，販売・マーケティング，経理，人事・総務などの職能部門をもつため，**各職能間の調整が容易**であることである。さらに，組織単位が製品，地域，顧客の違いに対応できることである。たとえば，地域別事業部制である場合，地域の事情・環境に十分対応した形で事業運営できる。

事業部制の弱点は，組織が**規模の経済性**を損なう可能性があることである。事業部組織では，事業部ごとに，研究開発，製造，販売・マーケティング，経理，人事・総務などの職能部門をもつため，職能部門の人員が多く必要とされ，重複する場合のあることから，規模の経済性が失われる可能性がある。また，ある事業部の研究開発・製品化の内容と，別の事業部での研究開発・製品化の内容が類似している場合に，重複した研究開発・製品化がおこなわれ，規模の

経済性を損なうことである。さらに，事業部単位を小規模化してしまうと，規模の経済性を維持できなくなる可能性があることである。

もう1つの問題は，製品ラインが別々になっていて，**製品ライン間の調整や情報共有**がむずかしくなり，また，製品間の統合や標準化がむずかしくなることである。各事業部間が，ばらばらに研究開発や製品化をおこなうと，問題になるケースがある。たとえば，メーカーのソフトウエア部門が生産するプログラムが別の事業部で販売される製品と互換性がないという場合がある。ある事業部の販売員が，別の事業部の商品開発に気がつかなかったため，顧客が不満を抱くこともある。

以上のような事業部制の欠点を克服するために，複数の事業部をまとめて1つの事業本部とする，**事業本部制**を採用する企業がある。図10−6は，事業本部制のケースをみたものである。海外事業は，海外事業本部の担当となる。

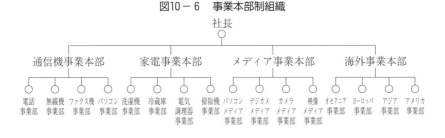

図10−6　事業本部制組織

10−4　社内カンパニー制

事業部制からさらに分権化を進めた組織が**社内カンパニー制**である。会社内に，独立した社内カンパニーを設置し，その長である「カンパニー・プレジデント」には，社内カンパニーでの一定の戦略決定権，人事権，予算執行権，投資決定権などが与えられる。社内カンパニーは，一定の範囲で投資する権限をもち，独立した会社のごとく，グローバルに運営される組織である。

10-5 持株会社

　グループとして，子会社の株式を所有し，統括する，本社のような機能をもつのが**持株会社**である。日本の法律では，子会社株式の取得価額が会社資産額の50％を超える会社を，持株会社と定義している（独禁法9条3項）。

　持株会社のうち，株式保有以外の何らかの事業をおこなわない会社を**純粋持株会社**，事業をおこなう会社を**事業特殊会社**という。

　持株会社は，1997年の独禁法の改正で認められたもので，それ以前は禁止されていた。それは，第2次世界大戦後，財閥解体にあわせて，事業支配力が過度に集中するのを防ぐためであった。

　持株会社を中心とする企業グループは，持株会社が本社機能を果たし，子会社が独立して事業を営むという組織形態である。その意味で，持株会社による組織形態は，事業部制や社内カンパニー制より分権的な組織であるといえる。

　図10－7は，持株会社による支配のケースとしてみずほファイナンシャルグループをみたものである。

図10－7　株式会社による支配（みずほファイナンシャルグループのケース）

10-6 会社分割，分社化

　1つの会社が2つ以上の会社になることを，**会社分割**という。

　会社分割は，多くの事業をおこなっている企業が，一部の事業を独立させて，分社化することである。会社分割による分社化は，事業部制や社内カンパニー

制と比較すると，より分権化した組織形態である。

図10－8　会社分割

(a) 分社型の会社分割

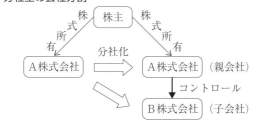

(b) 分割型の会社分割

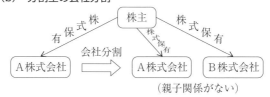

図10－8は，会社分割のケースをみたものである。

企業分割，分社化は，多数の事業部門をもつ会社が，会社を分割することで分権化され，意思決定の迅速化や経営の合理化をはかることを主な目的とする。わが国では，2000年の商法改正により，**会社分割制度**が創設された。この会社分割は，大きく2つの形態に分けることができる。

第1は，新たに分割された会社に営業を継承させるとともに，その会社の発行する株式を既存の会社が取得するという完全親子会社の関係が残る**分社型の会社分割**である（図10－8 (a) のケース）。

第2は，新たに分割された会社に営業を継承させるとともに，その会社の発行する株式を既存の会社自身ではなく，既存企業の株主に分配するという完全親子会社の関係が残らない**分割型の会社分割**である（図10－8 (b) のケース）。

なお，第1の分社型と第2の分割型を採り入れた中間形態も認められている。

10-7 組織のライフサイクル

組織の成長と変化に関する理論として，**組織のライフサイクル**がある。図10-9は，組織のライフサイクルをあらわしたものである。

組織のライフサイクルの基本的考え方は，組織が生まれ，成長して，成熟するような段階ごとに，組織構造，リーダーシップ，管理システムなどの変化を特徴づけることである。組織のライフサイクルとして，起業者段階，共同体段階，公式化段階，成熟化段階に分類する。

図10-9 組織のライフサイクル

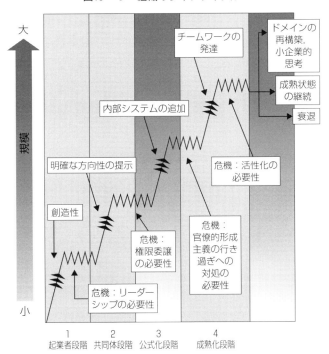

出所：ダフト（高木晴夫訳）『組織の経営学』ダイヤモンド社，2002年，167ページ，一部加工

① 起業者段階

　組織の誕生期には，製品開発と市場での生き残りに重点が置かれる。**起業者段階**である。成長をもたらすのは，創造的な新製品や新サービスである。起業者は，技術やマーケティングなど自分の得意な活動に全精力を尽くす。組織は小さく，企業家自身が組織をコントロールする。

　組織が成長し，従業員が増加すると，起業者が得意な分野のみに目が向き，しばしば組織の危機に直面する。この危機を克服するためには，創業者を補佐する有能なトップマネジメントやマネージャーの招致や，組織構造の調整が必要になる。

② 共同体段階

　リーダーシップの危機が解消されると，今度は強力な起業者のリーダーシップで，組織は明確な目標と方向性をもつ。**共同体段階**である。権限の階層構造，職務の割当・分担，分業が確立するとともに，事業部門体制が確立される。従業員は，組織のミッション（使命）を明確に意識して，共同体の一員であると感じる。コントロールは，ある程度公式なシステムがあらわれるが，おおむね非公式である。

　この段階では，経営者の強力なリーダーシップに対して，権限委譲の必要性という危機に直面する。経営者の下で働くマネージャーは，強力なトップダウン型リーダーシップに制約されていると意識するようになる。マネージャーは，自分の職務分野に自信をもち始め，より大きな裁量も求めるようになる。

　この権限委譲の危機を克服するために，トップによる直接的な監督なしに，各事業部門をコントロール，調整する，権限を委譲した組織システムを導入する必要がある。

③ 公式化段階

　公式化段階では，規則，手順，コントロールのシステムが導入され利用される。組織としてスタッフ支援グループを追加し，業務手続きを公式化し，明確な階層構造と分業を確立する。トップマネジメントは，戦略や企画立案といった問題に携わるようになり，会社の業務活動はマネージャーに任せられる。分

権的組織としての事業部制が導入されることもある。

公式化段階の危機は，官僚的形式主義の克服である。規則，手順，コントロールのシステムや制度の増大により，現場のミドルマネージャーが形式主義に陥ったり，本社スタッフからの押しつけなど，官僚的な傾向が生じてくる。場合によっては，イノベーションが制約されてしまう。

④ **成熟期段階**

成熟期段階では，組織は大規模で官僚的で，包括的なコントロールシステムやルール，手続きを有している。

成熟期の段階からさらに成長しようとするためには，新たな活性化が必要である。そのために，組織の原点としての小企業的志向の再構築，ドメイン（事業の領域）の再構築が必要である。新たな活性化により危機を克服できないと，組織は衰退することもある。組織は，環境の変化に適合し，官僚化を克服するために，刷新とイノベーションが必要である。

以上のように，組織のライフサイクルでは，組織が，起業段階から各段階への移行に関わる問題をうまく解決しないと，成長が制約されることを示している。

（参考文献）
ジョン・ロバーツ（谷口和弘訳）『現代企業の組織デザイン』NTT出版，2005年。
ダフト，R.L.（高木晴夫訳）『組織の経営学』ダイヤモンド社，2002年。
ロビンス，S.P.（高木晴夫訳）『組織行動のマネジメント』ダイヤモンド社，1997年。
ロビンス，S.P.（高木晴夫訳）『マネジメント入門』ダイヤモンド社，2014年。
一寸木俊昭編『現代経営学（3） 現代の経営組織』有斐閣，1983年。
丹野勲『国際比較経営論―アジア太平洋地域の経営風土と環境』同文舘出版，1994年。

第11章

多国籍企業の組織

Summary　多国籍企業は，国際化の発展段階により組織構造を変化させてきた。本章では，多国籍企業の組織構造を，経営戦略，企業の特質・性格との関連を考慮しながら，その発展段階を理論的に解明する。具体的には，輸出部組織から，国際事業部組織，グローバル組織構造の段階への発展について説明する。

　また，多国籍企業の海外子会社への統制戦略について，意思決定の現地への委譲，現地化を中心として述べる。さらに，多国籍企業の組織概念について，ローカル（現地）適応とグローバル統合という2つの概念から，マルチナショナル組織，グローバル組織，インターナショナル組織，トランスナショナル組織に類型化して説明する。

11-1　組織構造の変遷

11-1-1　輸出部組織

　輸出を通して国際化展開を始めた初期の段階では，通常マーケティング，販売部門の管轄下にある**輸出部**（export department）を設ける。**図11-1**は，輸出部組織のケースをあらわしている。

　輸出部組織は，マーケティング部門組織の中で，国内マーケティング部門と並行して存在する形となるが，実際は国内マーケティングマネージャーの管轄下に置かれるといった，マーケティング部門の中では，きわめて小さな部門である場合が多い。これは，輸出の量が国内販売に比較して少ないためである。

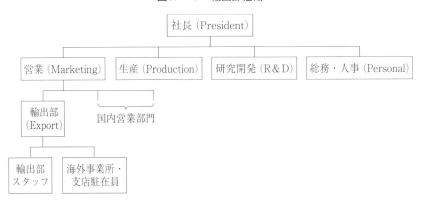

図11-1　輸出部組織

　輸出の量が増大し，輸出の企業戦略上の重要性が高まるにつれて，輸出部組織は，国内マーケティング部門から独立して，他の職能部門と同列の地位をもつ輸出部組織となる。この輸出部組織は，企業が事業部制を採用している場合，**輸出事業部**としての他の事業部と同等の地位をもつ組織形態に移行する場合がある。

　輸出部組織・輸出事業部組織の主業務は輸出などの貿易であり，海外生産などの海外直接投資の段階では多くの企業が，国際事業部組織へと移行する。

11-1-2　国際事業部組織の段階

　多国籍化において代表的な組織構造は，**国際事業部組織**である。国際事業部 (international division) は，一般的に輸出，海外生産，海外販売，海外ライセンスなど，国際的業務の運営，調整に責任をもつ事業部である。図11-2は，国際事業部組織の代表的なモデルをあらわしている。

　アメリカの多国籍企業では，副社長が事業部長となり，社長に対して直接責任を負い，地域別に組織化される事例が多い。国際事業部組織は，アメリカの多国籍企業や，日本の多国籍企業において最も一般的な組織形態である。

図11－2　国際事業部組織

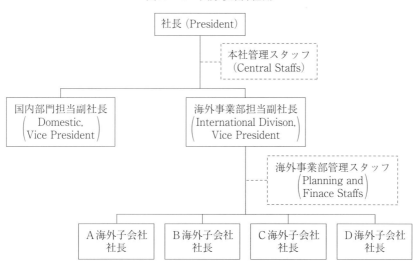

国際事業部組織の利点として以下がある。

第1は，国内事業部と分離することにより，世界的視野に立って国際化戦略に専念することができる。

第2は，海外事業活動の集中化，集約化により，地域別・国別の管理，調整，コミュニケーションが容易となる。

第3は，特別な知識・経験が必要とされる海外事業活動の専門家，管理者，経営者の育成が容易となり，また海外要員が少ない場合，これらの人材の効率的活用ができる。

しかしながら，国際事業部組織には理論的に欠点が存在する。すなわち，国内事業部とのコミュニケーションの欠如，利害調整，スタッフ・技術援助などでのコンフリクトが生ずる可能性がある。国際事業部は，通常，本国の親会社で開発された製品を海外で販売・製造するのが一般的であり，製品開発・製品技術に対する国内事業部への依存性がきわめて高い。それゆえ，国際事業部は，国内製品事業部に比較すると経営資源展開の自主性・自律性が低く，経営資源は国内事業部からの多くの援助によっている。国内事業部は，ほぼ国内での活

動を中心として業績評価がなされるため，国内事業部のもつ経営資源，特に人材を国内事業部が優先して使用しようとし，これらの人材の海外事業への援助，派遣をためらう傾向がある。

さらに，国内事業部と国際事業部の本質的利害対立は，海外生産が増大すれば，国内事業部で生産する製品の輸出が減少しなければならず，国内事業部の業績が悪化する可能性がある点である。このため，しばしば国内と海外との製品分業の点で利害対立を生む。

これらの国際事業部組織の欠点を是正するため，多国籍企業は，グローバルな組織構造へと移行していく。

11-1-3　グローバルな組織構造の段階

多国籍企業は国際化の進展により，海外での生産量，拠点数が増大し，国内事業と海外事業を区別した組織構造から，これらの事業を統合した世界的規模の**グローバル組織構造**（global structure）が形成される。

主要なグローバル組織構造として，グローバル製品別事業部組織，グローバル地域別事業部組織，グローバル職能別組織，グローバル・マトリックス組織がある。

11-1-4　グローバル製品別事業部組織

グローバル製品別事業部とは，世界的規模で製品ライン別に事業部を組織化する組織構造であり，その担当する製品の世界中の事業と利益に対して責任を負う事業部形態である。この組織は，製品ラインが多角化している企業，高度な技術能力が必要とされる企業，および，製品のマーケットが多様である企業に適している。図11-3は，グローバルな製品別事業部組織の代表的なモデルをあらわしている。

グローバル製品別事業部組織の利点は，情報，コミュニケーションが製品別に一元的に流れるため，海外子会社に対する技術援助，技術移転がスムーズに進むことである。また，グローバル製品事業部は，海外部門を内部にもってい

図11－3　グローバル製品別事業部組織

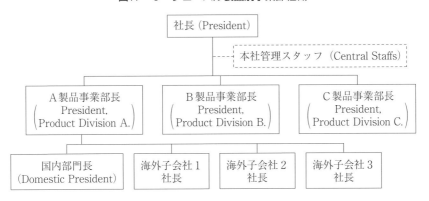

ることにより，事業部のトップが国際化戦略展開に目を向けやすいことである。事業部がよりグローバルな視野をもって，国内事業のみならず海外事業をも含んだ効率的ロジスティック戦略をおこなうことができる。

　グローバル製品別事業部の欠点は，国・地域内での製品事業部間での調整やコミュニケーションがむずかしい点である。また，事業部が小規模で海外展開のための経営資源の余裕がない場合，事業部のトップはリスク回避行動をおこない，よりリスクの高い海外戦略を避け，国内戦略重視となる傾向が生ずる点である。このため，事業部間での国際化戦略の不一致，亀裂が生ずるという問題がある。さらに，国別，地域別の特有なマーケティングなどの経営ノウハウが多くの事業部に分散して蓄積されるため，必ずしも地域・国に関する経営ノウハウや経験が有効に蓄積・活用されない場合がある。

11－1－5　グローバル地域別事業部組織

　グローバル地域別事業部は，世界的視点から地域・国を分割し，特定の地域での事業活動について責任と権限を地域担当事業部長に委譲した事業部組織である。このため，理論的には多国籍企業の親会社のある本国は，数多くの世界市場の単なる一地域にすぎないことになる。図11－4は，グローバルな地域別事業部組織の代表的なモデルをあらわしている。

図11－4　グローバル地域別事業部組織

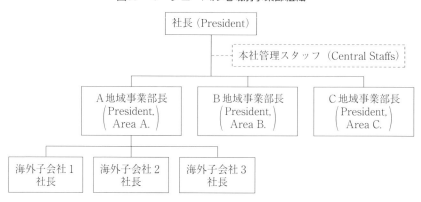

　地域別事業部制は，以下の特徴をもつ多国籍企業に多く採用される。
　第1は，製品多様性・多角化のレベルが低い，いわゆる少数の製品を中心とした専業型企業である。
　第2は，地域間での製品差異のレベルが高い企業である。たとえば，北米で販売する製品，欧州で販売する製品，アジア諸国で販売する製品がかなり異なる場合である。
　第3は，地域を基本にして製品の規模の経済が成り立つ企業である。たとえば，欧州地域での事業展開，北米地域での事業展開，アジア地域での事業展開といった，各地域別に運営するのが規模として適切であることである。
　第4は，地域間での企業内取引・貿易のレベルが低い企業である。たとえば，北米地域，欧州地域，アジア地域の事業部があるとすると，北米地域から欧州地域，北米地域からアジア地域といった，各地域間で部品や製品の企業内取引・貿易が少ない場合である。
　地域別事業部制は，地域別に責任が委譲されていることから，地域に密着した経営戦略を行使することができ，特に地域・国によってマーケティング戦略が異なる場合，この組織は有利である。
　地域別事業部制の主要な欠点は，企業が扱う製品が多種である場合に生ずる。この組織は，地域間での生産品目の調整，技術・生産移転および世界市場の視

点からの最適なロジスティック戦略という点で非効率が生ずる。また，事業部ごとに多数の国際経営の経験が必要とされるスタッフ，経営者が必要である点である。

地域別事業部制がさらに発展したグローバル組織として，**地域本社制**がある。地域本社制とは，アジア本社，アメリカ本社，ヨーロッパ本社などのような，地域での事業に責任をもつグローバルな複数本社制である。

11－1－6　グローバル職能別事業部組織

グローバル職能別事業部は，マーケティング，生産，財務等が職能別に組織化された組織構造であり，事業部長は世界的規模で担当職能に責任をもつ。図11－5は，職能別事業部組織の代表的なモデルをあらわしている。

図11－5　グローバル職能別事業部組織

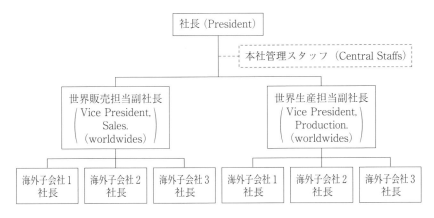

グローバル職能別事業部は，企業規模が比較的小さく，生産品目がかなり少数であり，かつ市場の不確実性が低い多国籍企業に適している。アメリカ多国籍企業には，この組織はほとんどみられず，一部のヨーロッパ多国籍企業で採用されている。この組織の欠点は，生産と販売が分離されていることにより，これら部門間のコミュニケーション，および地域スタッフ重複などの障害が生ずることである。

11－1－7　グローバル・マトリックス組織

グローバル・マトリックス組織は，製品別，地域別，職能別といった単一の軸のみを基準として組織化するのではなく，複数の軸を基準として，いわばグリッド型に組織化することである。マトリックス組織を採用している多国籍企業は，製品別と地域別の2つの軸により組織化されている事例が多い。図11－6は，マトリックス組織の代表的なモデルをあらわしている。

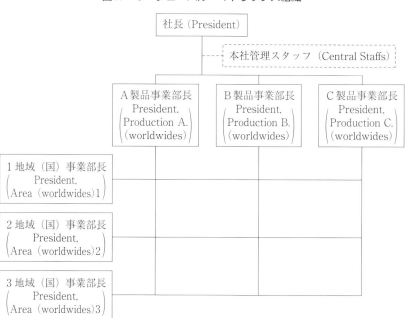

図11－6　グローバル・マトリックス組織

マトリックス組織は，一般的に製品別事業部組織による統制と地域別事業部組織による統制が同時におこなわれるため，環境が不確実でより競争的市場に直面している多国籍企業に有益である。マトリックス組織は，比較的多角化が進み，技術レベルが高く，多数の国に進出している巨大な多国籍企業に採用されている事例があるが，現在において必ずしも一般化している組織形態ではな

い。

マトリックス組織の欠点は，この組織が本質的に内在する二元的命令系統によるコンフリクト，利害対立の発生，責任の曖昧さ，報告の煩雑さである。

11-2 海外子会社への統制と現地化戦略

11-2-1 現地化戦略

企業の多国籍化において，組織構造と並ぶ中心的課題は，多国籍企業の**統制戦略**（control strategy）である。これら所有と統制の基本的課題は，海外子会社を分散化・現地化すべきか，または，統合化・統一化すべきか，の選択に関して理論化する点である。多国籍企業が進出国におけるナショナリズム，文化，経済，社会環境に適合するためには，人材，資本，部品，原料などをできる限り現地で調達し，親会社から大幅な権限を委譲し，ほぼ独立した経営をおこなうという**分散化**，**現地化**が望ましい。

しかし，多国籍企業は，技術，生産，マーケティング，資本などの経営資源の比較優位を発揮し，世界的視野でより最適なロジスティック（最適立地）戦略，タックスヘブン（租税回避）政策，トランスファープライス（移転価格）政策を行使するためには，親会社が海外子会社に対して強力な統制をおこなう**統一化**，**統合化**が必要である。

多国籍企業は，この分散化圧力と統一化圧力にどう対応し，どのような国際化戦略をとるべきであろうか。これらの課題について，所有政策と統制政策の側面を取り上げ，考察する。

11-2-2 海外子会社の所有政策

ストップフォード（Stopford, J. M.）**とウェルズ**[1]（Wells, L. T.）は，**経営戦略と海外子会社への所有政策との関係**について，次のような理論を提示している。

完全所有を選好する企業は，以下の経営戦略をより重視している企業である。

第1は，グローバルな視点でのマーケティング志向企業である。

第2は，グローバルな視点でのロジスティック戦略，すなわち各国間での工程分業，製品最適化戦略をおこなっている企業である。

第3は，高度技術企業，研究開発志向型企業である。

一方，**合弁**を選好する企業は，以下のような特質をもつ。

第1は，製品系列が多角化した企業である。

第2は，中小・中堅企業といった，比較的規模の小さい企業である。

11－2－3　海外子会社への統制戦略

多国籍企業の海外子会社への**統制戦略**を考える場合，以下の2つの要因を考慮する必要がある。

第1は，どの種類の意思決定を現地に委譲し，どの種類の意思決定を親会社がおこない統制するかという問題である。**戦略的意思決定**（strategic decision）は親会社の統制が強く，**業務的意思決定**（operational decision）は現地に委譲されている傾向にある。すなわち，戦略的意思決定は，現地のトップ人事，投資決定，生産設備の増強，新製品の製造，輸出市場割当てなどの海外マーケティング，移転価格，財務，資金調達などの経営の根幹をなす意思決定が含まれる。業務的意思決定は，ミドル以下の人事，国内マーケティング，組織編成などの意思決定が含まれる。

第2は，親会社および海外子会社の性質，特質による統制戦略の相違である。この点について，多国籍企業を対象とした研究[2]により，以下の関係が指摘されている。**親会社の特質および統制との関係**は，以下の仮説である。

① 高度技術企業は，親会社の海外子会社への統制が強い。

② 国際経験が長く，豊富な企業は，親会社の海外子会社への統制が強い。

③ 海外の子会社間での相互依存性が高い企業，すなわち，ロジスティック戦略などをより強くとる企業は，親会社の海外子会社への統制が強い。

④ 多角化が進んだ企業は，親会社の海外子会社への統制は弱く，海外子会社の自律性が高い。

⑤　親会社と海外子会社との地理的異質性が高い場合，親会社の海外子会社への統制は弱く，海外子会社の自律性が高い。
⑥　市場の独占度，募占度が高い企業は，親会社の海外子会社への統制が強い。
⑦　国際市場参入方法が，単独進出ではなく買収の場合，親会社の海外子会社への統制は弱く，海外子会社の自律性が高い。

海外子会社の特質と統制との関係は，以下がある。
①　海外子会社が完全所有である場合，ジョイントベンチャー（合弁）の場合より，親会社の海外子会社への統制が強い。
②　海外子会社の市場環境の不確実性が高い場合，親会社の海外子会社への統制は弱く，海外子会社の自律性が高い。
③　親会社からの技術移転が活発な海外子会社は，親会社の海外子会社への統制が強い。
④　海外子会社の規模が大きい場合，親会社の海外子会社への統制が弱く，海外子会社の自律性が高い。

11-3　マルチナショナル，グローバル，インターナショナル，トランスナショナル組織

　バートレットとゴシャール[3]（Bartlet, C. A. & Ghosha, S.）は，多国籍企業の組織を，**ローカル（現地）適応**と**グローバル統合**という２つの概念から，**図11-7**のように，４つに類型化した。

　第１は，ローカル（現地）適応が高く，グローバル統合が低い**マルチナショナル企業**である。マルチナショナル企業は，国ごとに異なる環境に敏感に対応するために，海外子会社に戦略の自由裁量権をあたえ，子会社に自主性をもたせる多国籍企業である。彼らは，ヨーロッパ企業のフィリップス，ユニリーバ，アメリカのITTなどをケースとしてあげている。

　第２は，ローカル適応が低く，グローバル統合が高い**グローバル企業**である。グローバル企業は，グローバルな効率の良さを求めて，国際経営を発展させ，

図11－7　バートレットとゴシャールによる多国籍企業の組織の類型

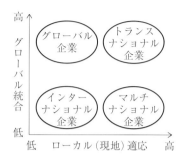

出所：バートレット，ゴシャール（吉原英樹監訳）『地球市場時代の企業戦略』日本経済新聞社，1990年，一部加筆・修正

戦略や経営の決定権を中央の本社に集中させる多国籍企業である。中央集中型のグローバルな規模の経営でコスト優位を追求する企業である。彼らは，日本企業の松下，花王，NECなどをケースとしてあげている。

　第3は，ローカル適応が低く，グローバル統合が低い**インターナショナル企業**である。インターナショナル企業は，中央の本社は，かなりの影響力と支配力をもっているが，グローバル企業ほどではない。海外子会社は，中央の本社の製品や考えを必要に応じてかえられるが，マルチナショナル企業ほどの独立性はない多国籍企業である。彼らは，アメリカのGEとP&Gなどをケースとしてあげている。

　第4は，ローカル適応が高く，グローバル統合が高い**トランスナショナル企業**である。トランスナショナル企業は，部品，生産，資源，人材，情報などが，中央の本社，海外子会社で**統合ネットワーク**されている企業である。すなわち，資源や能力は分散，相互依存し，かつ専門化している多国籍企業である。図11－8は，トランスナショナル企業の統合ネットワークをあらわしたものである。彼らは，理想型の仮想的な多国籍モデルとして，トランスナショナル企業をあげている。

第11章 多国籍企業の組織

図11－8 トランスナショナル企業の統合ネットワーク

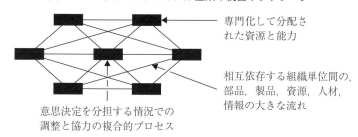

専門化して分配さ
れた資源と能力

相互依存する組織単位間の，
部品，製品，資源，人材，
情報の大きな流れ

意思決定を分担する情況での
調整と協力の複合的プロセス

出所：バートレット，ゴシャール（吉原英樹監訳）『地球市場時代の企業戦略』日本経済新聞社，1990年，120ページ

図11－9は，マルチナショナル企業，グローバル企業，インターナショナル企業，トランスナショナル企業の組織の特徴をあらわしたものである。

図11－9 マルチナショナル企業，グローバル企業，インターナショナル企業，トランスナショナル企業の組織の特徴

組織の特徴	マルチナショナル企業	グローバル企業	インターナショナル企業	トランスナショナル企業
能力と組織力の構成	分散型 海外子会社は自立している	中央集中型 グローバル規模	能力の中核部は中央に集中させ他は分散させる	分散，相互依存，専門化
海外事業が果たす役割	現地の好機を感じ取って利用する	親会社の戦略を実行する	親会社の能力を適応させ活用する	海外の組織単位ごとに役割を別けて世界的経営を統合する
知識の開発と普及	各組織単位内で知識を開発して保有する	中央で知識を開発して保有する	中央で知識を開発し海外の組織単位に移転する	共同で知識を開発し，世界中で分かち合う

出所：バートレット，ゴシャール（吉原英樹監訳）『地球市場時代の企業戦略』日本経済新聞社，1990年，88ページ，一部修正

(注)
(1) ストップフォード，J. M.，ウェルズ，L. T.（山崎清訳）『多国籍企業の組織と所有政策』ダイヤモンド社，1979年。
(2) Otterbeck L., *The Management of Headquaters-Subsidiqry Relationships in Multinational Corporations*, Gower, 1981.

(3) バートレット,C. A., ゴシャール,S.（吉原英樹監訳）『地球市場時代の企業戦略』日本経済新聞社,1990年。

（参考文献）

Brooke M. Z., *International Management*, Stanley Thornes, 1994.

Crinkota M. R., Ronkainen I. A. & Moffett M. H., *International Business*, The Dryden Press, 1994.

丹野勲『国際比較経営論―アジア太平洋地域の経営風土と環境』同文舘出版,1994年。

丹野勲『日本の国際経営の歴史と将来』創成社,2021年。

第12章

グローバルな意思決定論

Summary　本章では，組織の中の人間行動を研究する組織行動論（Organizational Behavior）の視点から，意思決定について考察する。意思決定論では，個人による意思決定と集団による意思決定，最適基準と満足基準による意思決定，リスクと意思決定，時間と意思決定などについてグローバルな関点から説明する。

特に，マーチとサイモンによる意思決定論の考え方を中心として議論する。さらに，異文化環境での意思決定についても，国際比較の視点で議論する。

12-1　個人による意思決定と集団による意思決定

12-1-1　個人による意思決定と集団による意思決定とは何か

意思決定に関して，集団による意思決定と個人による意思決定のパターンに分類できる。

リーダーのような個人が決定するのが個人による意思決定であり，集団の皆が議論，話し合いながら決定するのが集団による意思決定である。

個人による意思決定と集団による意思決定について，お互いに欠点と利点が存在するのであって，どちらが優れているかというものではない。意思決定理論から，個人による意思決定と集団による意思決定の問題について考えてみよう。

12−1−2　個人による意思決定の利点と欠点

個人による意思決定の利点は以下の点を指摘できる。

　第1は，時間が速く，**敏速な意思決定**ができることである。環境の変化が激しいような状況下においては，個人による意思決定が強みとなる場合がある。これに対して，集団による意思決定では，集団の合意を得るために時間がかかる。

　第2は，**責任の明確さ**である。誰が決定を下したかが明確であるため，結果に対する責任がわかりやすい。集団による意思決定では，責任が曖昧になる。

　第3は，個人による意思決定は，**一貫した価値観を維持**する傾向が強いことである。集団による決定は，集団内のパワー（権力）闘争の犠牲となりかねない。会社を変革する際，トップの個人による意思決定は，従来のしがらみや権力闘争を打破し，トップによる一貫した価値観による強力なリーダーシップを発揮する場合がある。たとえば，社長がトップダウンによる意思決定で，強力なリーダーシップにより会社改革を発揮するのがこのケースである。

　個人による意思決定の欠点は，意思決定の内容が**独断的**になりやすいことである。個人がもつ情報や知識には，限界があるためである。日本企業でも，独裁的意思決定になることもある。また，個人による意思決定を部下が進んで受け入れ，協力してくれるかについて不確実性があることである。

12−1−3　集団による意思決定の利点と欠点

集団による意思決定の利点は，以下の点を指摘できる。

　第1に，集団は，より多くの**情報と知識をもつ可能性が高い**ことである。集団のメンバーがもつ情報や知識などの資源を提供できれば，それを利用することにより，意思決定プロセスにおいて，より多くのインプットをもたらすことができる。

　第2は，集団による意思決定で，集団のメンバーが，多様な見解が提示されれば，より**多くの手法や選択肢の検討**が可能となる。

第12章　グローバルな意思決定論

　第3は，集団による意思決定では，**解決策が多くの人に受け入れられる**可能性が高い。意思決定に参加した集団メンバーは，決定事項を支持し，他のメンバーにもそれを受け入れるよう促す可能性が高い。その意味で，集団による意思決定は，**民主的意思決定**であるといえる。

　集団による意思決定の欠点は，意思決定の内容が，組織のパワー，権力の妥協の産物になりやすい，独創的な意見を排除する，などである。すなわち，組織のメンバーの意見を寄せ集めた妥協案になりやすいことである。

12-1-4　個人による意思決定か集団による意思決定か

　個人による意思決定か集団による意思決定かは，状況と，どれを優先するかの判断によるであろう。

　個人による意思決定は，その意思決定の重要性が比較的低く，その成功に部下の協力が必要でない場合に適合的である。また，個人が十分な情報を有しており，部下が事前に相談を受けていなくても結果に協力してくれる場合にも，適合的である。さらに，革新的な意思決定でも適合する場合もある。

　結局，個人と集団のいずれが意思決定をおこなうべきかは，有効性と効率に関する判断による。

　有効性の点では，集団による意思決定のほうが優れている傾向にある。集団は個人より多くの代替的選択肢を想起し，その予測もより正確で，質の高い意思決定を下す可能性が高い。

　しかし**効率**では個人が集団に優る。集団は解決策を見いだすためにより多くの時間と資源を費やすため，効率性が劣る傾向にある。

12-1-5　グループシンクとグループシフト

　組織行動学者らは，集団による意思決定の2つの副産物に大いに注目してきた。それは，グループシンクとグループシフトという概念である。

　グループシンク（group-sink）とは，集団のメンバーたちが意見の統一に夢中になるあまり，コンセンサスをつくらねばならないという規範によって，さま

ざまな行動の選択肢の現実的評価や，突飛な意見や少数派の意見，不人気な意見の十分な表現が妨げられる現象である。それは，個人の知的効率性，現実検証，道徳的判断が，集団の圧力によって衰えてしまうことを意味する。

グループシフト（group-shift）とは，メンバーの見解が，議論の前からすでに傾いていた方向のより極端な見解へと，大幅にシフトしていく現象である。集団の決定は，その集団の議論の過程でつくり上げられた支配的な意思決定規範を反映する。集団の決定がより慎重な方向にシフトするか，よりリスクの高い方向にシフトするかは，議論前の支配的な規範による。どちらかというと，リスクの高い方向にシフトする確率のほうが高いとされている。すなわち，高リスクへのシフトの最も妥当と思われる理由は，集団では責任が拡散されることである。集団による決定では，個々のメンバーは集団の最終的選択に対する説明責任を負わずにすむ。より大きなリスクを冒せるのは，その決定が失敗に終わっても，1人のメンバーが全面的責任を負わされることはあまりないからである。

12-2 最適基準による意思決定と満足基準による意思決定

マーチ（March, J. G.）**とサイモン**（Simon, H. A.）は，人間の意思決定を最適基準と満足基準に分類した。

12-2-1 最適基準による意思決定

最適基準による意思決定とは，環境から刺激があたえられたとき，一定の価値・選択基準に照らして，いくつかの代替的選択肢の中から，その結果を予想して比較し，選択する意思決定である。

図12-1は，最適基準による意思決定のプロセスをみたものである。

たとえば，海外M&Aに関する最適基準による意思決定のプロセスのケースについて考えてみよう。最適基準による意思決定は，海外M&Aに関する価値・選択基準にもとづいてできるだけ多くの海外M&A候補企業としての代替

第12章　グローバルな意思決定論

図12－1　最適基準による意思決定のプロセス

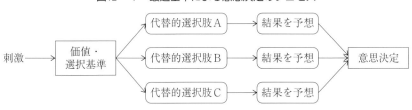

的選択肢をあげて、その海外企業について仮に買収したらどうなるかについての結果を主観的に予測して、その中から最適な買収企業を選択するという意思決定のプロセスである。最適基準による意思決定では、ある代替的選択肢が最適であるということは、次の2つの条件のときである。

① すべての代替的選択肢を比較しうる諸基準の集合（たとえば海外M&Aの場合では、諸候補企業）が存在している。
② 当該の選択肢が、それら諸基準からみてほかのすべての代替的選択肢より良い。

12－2－2　満足基準による意思決定

マーチとサイモンは、人間の多くは**満足基準による意思決定**をおこなっていると仮定した。すなわち、**満足基準**とは、意思決定プロセスで仮定された諸代替案の中から主観的に最も優れたものを選択するのではなく、**一定の満足できる価値・選択基準**を引き、それ以上であれば、その代替案を選択するという意思決定である。

図12－2は、今度は満足基準による意思決定のプロセスをみたものである。

図12－2　満足基準による意思決定のプロセス

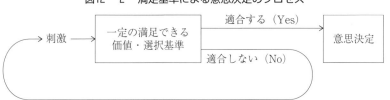

たとえば，今度は海外M&Aに関する満足基準による意思決定のプロセスのケースについて考えてみよう。満足基準による意思決定では，事前に海外M&Aの条件についての満足できる価値・選択基準を決めておいて，この基準を満足できる候補企業に出会ったら買収するという意思決定をおこなうことである。

　満足基準による意思決定では，代替的選択肢が満足できるということは，次の2つの条件のあるときである。

① 満足できるぎりぎりの代替的選択肢を，はっきりさせる価値・選択基準（海外M&Aの場合では，海外M&Aの条件の基準）の集合が存在している。
② 当該選択肢が，これらの諸基準のすべてに適合するか，もしくはそれを越えている。

　現実には，最初に満足基準を満たすことを確認した代替案を実行することになる。それゆえ，満足基準での意思決定は代替案を1つずつ検討するという**逐次的な意思決定**となる。ある代替案が満足基準を満たしているか否か，満たしていればそれで決定であり，否のとき，次の代替案の検討に入るという，合否の判定の連続の形でなされる。

　これに対して最適基準による意思決定の場合には，検討対象の代替案すべてを1度に検討しなければならない。その意味で，最適基準による意思決定は手間や費用，時間がかかることになる。一方，満足基準による意思決定は，逐次的な意思決定のため，手間と時間がかからない可能性が高い。

　マーチとサイモンは，人間の意思決定の特徴について，以下のように述べている。

> たいていの人間の意思決定は，それが個人的なものであってもまた組織内のものであっても，満足できる代替的選択肢を発見し，それを選択することと関係しており，例外的な場合にのみ，最適の選択肢の発見とその選択に関係している（マーチ・サイモン（1997）邦訳214ページ）。

12-2-3　最適基準・満足基準の国際比較

　この意思決定の最適基準・満足基準について，国際比較の視点からみると，

アメリカなどの西欧諸国は，個人的意思決定・トップダウンの意思決定の志向が強いことから，満足基準による意思決定の傾向がある。

これに対して日本の場合，集団による意思決定の志向が強いことから，どちらかというと，限られた数ではあるが，いくつかの代替案を同時に比較し，その中で相対的に最も望ましいものを選択する傾向にある。これは不完全ではあるが，最適基準で選択しようとしている意思決定である。

12-3 プログラム化された意思決定とプログラム化されない意思決定

サイモンは，意思決定について，プログラム化された意思決定とプログラム化されない意思決定に分類している。

12-3-1 プログラム化された意思決定

プログラム化された意思決定（programmed decision）とは，環境からの刺激が加えられた場合，意思決定者の記憶の中から，特定の選択肢しか想起されず，その選択肢を意思決定する場合である。ある刺激と一連の行動とがプログラム化，一体化されて人間に記憶されており，その刺激が加えられたときには自動的にその行動が想起され，その行動が実行されることになる。

このプログラム化された意思決定の例として，人間の習慣的行動や，工場内の流れ作業によるふだんの作業などがある。企業の中の流れ作業現場で働いている人は，作業手順やマニュアルに従って決められた作業をしており，刺激に対する選択肢はたった1つしか想起されず，それを行動するであろう。このプログラム化された意思決定は，人間の生活の中できわめて一般的なものである。

12-3-2 プログラム化されない意思決定

プログラム化されない意思決定（non-programmed decision）とは，意思決定過程と同様のプロセスでおこなわれる意思決定である。すなわち，環境から何

らかの刺激があったとき，代替的選択肢が想起され，その結果を主観的に予測して，一定の選択基準によって評価し，1つの行動を選択するという意思決定過程に忠実に従うのである。

このようなプログラム化されない意思決定がおこなわれるのは，その人間にとって過去に経験のないかつ知識としても学んだことのないタイプの刺激が環境からあたえられたときである。まったく新しい状況に対応するときには，プログラム化されない意思決定がおこなわれることになる。

したがって，いわゆる革新的な行動はプログラム化された意思決定からは生まれず，このプログラム化されない意思決定によってのみ生まれるのである。プログラム化されない意思決定をすれば，すべて**革新・イノベーション**（innovation）となるわけではないが，革新的な行動が生まれる可能性はある。プログラム化された意思決定からは一般的に革新は生じないのである。

12-3-3　グレシャムの法則

プログラム化された意思決定とプログラム化されない意思決定との両方をおこなう立場に同一の人間が立ったとき，一般に**グレシャムの法則**がはたらき，容易にできるプログラム化された意思決定ばかりをおこない，プログラム化されない意思決定は後回しになる傾向が強いといわれる。

これが，革新が容易には起こりえない1つの理由となっている。

12-4　リスクと意思決定

意思決定論において，**リスク**（risk）は重要な鍵概念である。

意思決定は，なんらかの不確実性を含んでいるため，不確実性下での意思決定において，リスクに対する態度が意思決定者にとって重要である。

意思決定論では，リスクをできるだけ避けようとする意思決定が**リスク回避的**（risk averse）である。逆に，リスクをとろうとする意思決定（結果として高い収益を得る場合がある）が，**リスク愛好的**（risk loving）である。さらに，その

中間の意思決定が，**リスク中立的**（risk neutral）である。一般的に，リスク愛好的の方が，成功した場合のリターン（報酬）は多い傾向にある。

実際の経済や経営活動では，どうしてもリスクがともなうものである。そこで，リスクをできるだけ取り除くための制度として，**保険**がある。たとえば，個人は自動車保険に加入し，事故が起きたら保険が支払われるという契約をおこない，事故のリスクを取り除こうとする。ただし，保険には**インセンティブの問題**がある。すなわち，保険に加入したことによって，保険の対象である事故を避けようとするインセンティブが小さくなることを，**モラルハザード**（moral hazard）とよんでいる。

12-5 時間と意思決定

12-5-1 未来志向か過去志向か

時間の視点から，意思決定をとらえることもできる。

文化や人間の価値観が，未来志向か過去志向かにより，意思決定のパターンが相違する可能性がある。たとえば**未来志向的文化**では，過去にとらわれないより新しい代替案が生み出せる傾向がある。**保守的で過去志向的文化**では，代替案の基礎になる歴史的パターンを探求する傾向がある。未来志向か過去志向かという文化・価値観が，想起される代替的選択肢に対して影響をあたえるのである。

12-5-2 意思決定に考慮する時間

意思決定の際に考慮する時間の長さである。どのようなタイムスパンをもって意思決定をおこなっているかという点である。

たとえば，企業における戦略的意思決定において，どの程度の時間で考えているのか。2～3年という短期的視点で戦略的意思決定をおこなっているのか，それとも10年程度という長期的視点に立って戦略的意思決定をおこなうかによって，意思決定の内容は変わる可能性がある。

長い将来の事業成果を最大限にするために，現在，その事業の可能性に投資し，短期的に利益を最大化しないという意思決定も当然ありうる。人間の意思決定においても，将来の楽しみを最大限にするために，短期的には我慢して，大きな喜びを後回しにするという意思決定もある。

12－5－3　日本の経営制度と意思決定

　経営制度は，意思決定の未来志向・過去志向，意思決定の考慮する時間のあり方に大きく関係する。

　日本企業は，変わりつつあるが，従来の年功的賃金・昇進制度は，長期的視点での意思決定によるモチベーションに適合的である。従業員は，将来に，賃金や地位がよくなるだろうという未来の期待が，今のモチベーションとなっているともいえよう。長い将来に希望があるから，現在一生懸命働くのである。

　この意思決定の際の考慮する時間の長さは，文化・価値観のみならず，制度のあり方に大きく関係する。

　日本の大企業では，現在変化しつつあるが，友好的関係のある企業，グループ企業，銀行や保険会社，商社などが，長期的な関係や取引にある他の企業の株式を保有する**株式の相互持ち合い**が存在していた。この法人所有の形態は，どちらかというと長期的視点に立った投資であり，安定株主という傾向があった。

　また，日本の経営者は，内部昇進による経営者が多く，経営者の業績評価は，比較的長期的視点で判断された。

　以上のような制度的要因から，日本の経営は，どちらかというと長期的視点により意思決定をおこないやすいという傾向が生じていた。

　しかしながら，最近の日本企業は株式の相互持ち合いが崩れ，株主利益を重視するという考え方に移行していることも事実であり，日本企業はこれから，短期的視点をも考慮しつつ，長期的視点に立って意思決定をおこなうことが課題となるであろう。

第12章　グローバルな意思決定論

12-5-4　アメリカの経営制度と意思決定

　アメリカの企業の経営者は，比較的短期的視点で経営をおこなうとの指摘があるが，これは制度のあり方が1つの原因である。

　すなわち，アメリカの大企業では，株主の力が相対的に強く，企業経営においても株主の利益を最大化する行動をとりやすい。年金基金や投資信託などの機関投資家による株式保有割合が高く，これらの機関投資家は，そのポートフォリオからの短期的な収益を最大化するという行動を志向する傾向が強い。

　以上のような制度的要因から，アメリカの経営は，どちらかというと短期的視点により意思決定をおこないやすいという傾向が生じているのである。

12-5-5　アジアの経営制度と意思決定

　この意思決定の時間に対する考慮で好例と思われるのが，**東南アジアの華僑・華人資本家**の経営行動のケースである。東南アジアの華僑・華人資本家は，投資の回収を短期的に志向する傾向がある。いわゆる商業資本家的とよばれる経営行動が，現在でも依然としてみられる。アジア華僑・華人資本家は，5年程度で事業投資を回収し，追加投資をためらうという行動がみられる。

　華僑・華人資本家は，戦略的意思決定の時間的スパンが，日本や他の西欧諸国の経営者に比較すると短いのではないかと考えられる。

（参考文献）
アドラー，N. J.（江夏健一，桑名義晴監訳）『異文化組織のマネジメント』マクグロウヒル，1992年。
マーチ，J. G., サイモン，H. A.（土屋守章訳）『オーガニゼーションズ』ダイヤモンド，1977年。
ロビンス，S. P.（高木晴夫監訳）『組織行動のマネジメント』ダイヤモンド社，1997年。
高柳暁編『現代経営組織論―組織論的アプローチ』同文舘出版，1989年。
丹野勲『国際比較経営論―アジア太平洋地域の経営風土と環境』同文舘出版，1994年。
丹野勲『国際・歴史比較経営と企業論』泉文堂，2021年。

第13章

グローバルなモチベーション論とリーダーシップ論

Summary

人は,何が動機づけ,モチベーション (motivation) となるのであろうか。この人間のモチベーションに関して,経営学では長い間研究がされてきた。組織内の人間行動を研究する際,モチベーション,動機づけの側面は重要である。

本章では,グローバルな観点から代表的なモチベーション・動機づけの基礎理論として,マグレガーのX理論とY理論,ハーズバーグの動機づけ—衛生理論,マズローの欲求階層理論を取り上げる。さらに,現在のモチベーション・動機づけの基礎理論として,一体化理論,期待理論,公平理論を説明する。

また,本章では,リーダーシップについても取り上げる。リーダーシップの特性論,行動理論,条件適合理論について説明する。さらに,関連する重要な概念である,パワー(力,権力)について,パワーとは何か,パワーの源泉について考える。

13-1 モチベーション・動機づけの基礎理論

1950,60年代に,心理学的色彩の強い,モチベーション理論が生まれ,**人間資源アプローチ**(**行動科学的アプローチ**ともいえる)といわれている。この人間資源アプローチの代表的理論が,マズローの欲求階層理論,マグレガーのX理論とY理論,ハーズバーグの動機づけ—衛生理論,である。

13-1-1　マズローの欲求階層理論

　マズロー（Maslow, A. H.）は，人間には，以下のような5つの欲求階層が存在すると仮定した。

① 生理的欲求

　これは，食欲，喉の渇き，性欲などの生理的欲求である。

② 安全の欲求

　これは，社会，家族，健康，精神などの安全性，安定性を求める欲求である。

③ 所属と愛の欲求

　これは，家族，恋人，友情，グループ，組織への愛と所属の欲求である。

④ 承認の欲求

　これは，自己に対する高い評価，自尊心，他者からの尊敬，名声，地位などの承認を求める欲求である。

⑤ 自己実現の欲求

　これは，人間が自分のなりうるものになる，たとえば音楽家は音楽をつくり，画家は絵を描き，詩人は詩を書き，働く人は生きがいのある仕事に打ち込む。このような自己実現を求める欲求である。

　図13-1は，マズローの欲求階層理論をあらわしたものである。マズローの理論では，人間は，低次な欲求が満足されると，より高次の欲求を満足させるようになると仮定した。この理論では，欲求が満たされれば，もはや動機づけ要因とはならず，より高次の欲求は動機づけ要因となる。最も高次の欲求は，

図13-1　マズローの欲求階層理論

自己実現であって，これは，最高の欲求であると仮定した。

13-1-2 マグレガーのX理論とY理論

マグレガー（Mc-Greger, D.）は，2つの両極端の人間観を仮定した。1つは，人間を怠惰で，受け身であるとする，否定的な人間の見方をするX理論である。もう1つは，人間を能動的で，責任と想像力をもつとする，肯定的な人間の見方をするY理論である。

表13-1は，マグレガーのX理論とY理論による人間観である。

マグレガーは，X理論は人間の低位の欲求が支配しており，Y理論は人間の高位の欲求が支配していると仮定した。彼は，人間性の仮定として，Y理論の方が正しいと考えた。マグレガーは，Y理論にもとづく業績評価，給与と昇進の管理，意思決定への参加，良好なチームが仕事への意欲を高める方法であると主張した。

表13-1 マグレガーのX理論とY理論による人間観

X理論の人間観	Y理論の人間観
① 生来仕事がきらいで，できれば仕事はしたくないと思っている。 ② 仕事はきらいで，強制されたり，統制されたり，命令されたり，罰をあたえると脅さなければ，望ましい目標を達成できない。 ③ 命令されるほうが好きで，責任を回避したがり，あまり野心をもたず，安全を望んでいる。	① 仕事は，遊びや休憩とかわらないごく当たり前のこととみている。 ② 目標に献身している者は，みずから鞭を打って働く。 ③ 責任を引く受ける術を身につけており，みずからすすんで責任をとろうとする。 ④ 創造力は，たいていの人に備わっている。

13-1-3 ハーズバーグの理論──動機づけ・衛生理論

ハーズバーグ（Herzberg, F.）は，モチベーションの**動機づけ─衛生理論**の創始者として有名である。調査の結果から，**満足**のもたらす要因と**不満足**をもたらす要因とはまったく異なった種類ではないか，つまり，満足要因の反対が，

単純に不満足要因となるわけではないと考えた。そして，彼は独創的な**動機づけ―衛生理論**を提示した。

ハーズバーグは，人間はまったく性質が異なり，起源を異にする2つの欲求が並立しているという仮説を立てた。人間のもつ1つの欲求は，動物的素質によるもので，苦痛を回避しようとする側面であり，これを**アダム的本性**とよんだ。他の欲求は，人間として精神的に成長を遂げようとする側面であり，これを**アブラハム的本性**とよんだ。

アダム的本性は，飢え，渇き，疲労，苦痛，性的欠乏，生命喪失など一次的動因の回避のような動物的なものである。それは一時的にしか満たされない性質をもち，人間を継続的に成長させるような特徴をもたない。

一方，アブラハム的本性は，継続的な精神的成長によって，みずからの潜在能力を現実化しようとする人間の素質である。

図13－2は，ハーズバーグの動機づけ―衛生理論を要約したものである。

ハーズバーグは，これらのアダム的要因とされる一次的動因の回避は，会社の政策と経営，監督，給与，対人関係，作業条件といった仕事そのものの外的，環境的なものが不十分であることで影響を受けると考えた。これらを**衛生要因**（hygiene factor）とよんだ。

また，アブラハム的要因とされる精神的成長は，達成，承認，仕事そのもの，責任，昇進，成長といった仕事を自己実現することによって得られると考え，これらを**動機づけ要因**（motivation factor）とよんだ。

このように衛生要因と動機づけ要因が独立して存在しているので，動機づけ要因によって生ずる不満足と，衛生要因による不満足とは質的に異なるものだろう。同様に，衛生要因によって生じる満足と，動機づけ要因による満足とは別個なものであろうと考えた。このような考え方を，**2要因理論**ともいう。

以上のことをあらわしたのが，**図13－3**である。動機づけ要因としての，**仕事への満足の反対は，その不満足ではなく，むしろ仕事への満足をもてない**（無満足）ことである。同様に，衛生要因としての，**仕事への不満足の反対は，その満足ではなく，仕事の不満足が存在しない**（無不満）ことである。

第13章　グローバルなモチベーション論とリーダーシップ論

図13－2　ハーズバーグの動機づけ―衛生理論

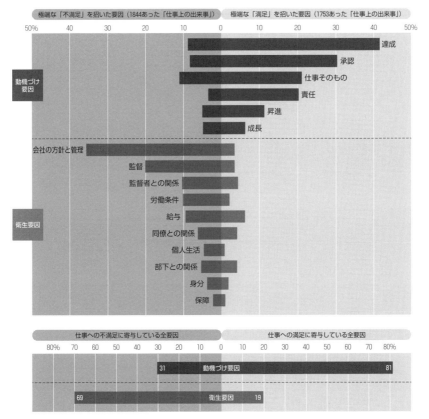

出所：『Harvard Business Reviw 2023.4』ダイヤモンド社，53ページ

図13－3　伝統的（A）ならびに動機づけ＝衛生的（B）態度モデル

```
                      (A)
   不　　満-----------------------満　足
                      (B)
   不　　満 ←------衛　　生-------無 不 満
   無 満 足---------動機づけ要因------→ 満　足
```

動機づけ―衛生理論では，職務満足の改善は，職務の衛生要因を通じてのみではなされなく，動機づけ要因が必要であるということを強調した。つまり，

監督，給与，対人関係，作業条件のような衛生要因の改善により，職務満足を一時的に軽減できるかもしれない。だが，これらは当然のことと考えられるようになり，満足を向上させる刺激として作用しなくなる。よって，真に従業員の満足感を向上させるには，達成，承認，仕事そのもの，責任，昇進，成長といった仕事そのものが**自己実現**できるように改善しなければならない。そのために，ハーズバーグは**職務充実**（job enrichment）を積極的に提唱した。職務充実とは，動機づけ要因を職務の中に組み込むために，職務を再設計し，**職務の垂直的負荷**（仕事の計画，やり方，改善などに責任をもたせるなど）を拡大するものである。この理論は，国際的にも妥当する。

13-2　一体化理論

モチベーション・動機づけの代表的理論として**一体化理論**（identification theory）がある。一体化とは，組織のメンバーが，ある対象に同一化する感情をもち，忠誠心を抱いている状況のことをいう。

マーチとサイモンは，一体化の主要な対象として以下の4つをあげている。

① 当該組織にとって外在的な組織（すなわち**組織外への一体化**）。たとえば，企業組織外の地域社会，職業団体，学会，ボランティア，スポーツ，趣味，宗教などの組織への一体化である。

② 当該組織それ自体（**組織への一体化**）。たとえば，勤務している会社，企業，役所，大学などの組織への一体化である。

③ 職務に含まれている仕事での活動（**課業への一体化**）。たとえば，技術，会計，法務，営業，技能，教育，研究などの仕事，課業への一体化である。

④ 当該組織内の下位集団（**下位集団への一体化**）。たとえば，課や部などの職場，クラブ，サークルなどへの一体化である。

さらに，マーチとサイモンは**一体化のメカニズム**について，以下の仮説を提示している。

① 知覚された集団の**威信**が高ければ高いほど，個人がその集団に一体化する

傾向はより強くなり，その逆の関係も成り立つ。

たとえば，会社が一流企業の場合，そうでない会社より，従業員の会社への一体感は高くなるであろう。

② 集団のメンバーの間で，**目的が共有**されていると知覚されている程度が高ければ高いほど，個人がその集団に一体化する傾向がより強くなり，またその逆の関係も成り立つ。

たとえば，集団が競争に勝つという明確な目標が，メンバーの皆に共有されていると，それが共有されないよりは，集団への一体感は高くなるであろう。

③ **個人と他の集団メンバーとの間での相互作用**の頻度が大であれば大であるほど，個人がその集団に一体化する傾向がより強くなり，またその逆の関係も成り立つ。

たとえば，職場の人間がいろいろな形で交流を深めれば，交流が少ないよりは，職場という集団への一体感は高まるであろう。

④ 集団の中で**充足される個人の欲求**の数が多ければ多いほど，個人がその集団に一体化する傾向がより強くなり，またその逆の関係も成り立つ。

たとえば，会社に対して満足感が高ければ，満足感が少ないより，会社への一体感は高まるであろう。

⑤ 個人と他の集団メンバーとの間での**競争**の量が少なければ少ないほど，個人がその集団に一体化する傾向がより強くなり，また逆の関係も成り立つ。

たとえば，会社の同期入社の集団で，同期入社社員間の昇進競争が少ない方が，その競争が激烈である場合より，同期入社の集団への一体感は高まるであろう。

13-3　期待理論

モチベーション・動機づけ理論として，期待理論がある。**期待理論**（expectancy theory）では，ある行為レベルに対するモチベーションは，以下の関数で

あると仮定する。図13－4は，期待理論をあらわしたものである。

図13－4　期待理論のモデル

$$\boxed{モチベーション} = \boxed{\begin{array}{c}期待\\(達成できると\\いう主観的確率)\end{array}} \times \boxed{\begin{array}{c}誘意性\\(魅力度)\end{array}}$$

① その行為レベルが達成できるという主観的確率としての「**期待**」(expectancy)。
② その行為レベルを達成することの魅力度としての「**誘意性**」(valence) との関数である。

したがって，ある行為レベルに関して，達成の確信を強くもてばもつほど，またその行為レベルの達成に魅力を感じ，高い価値をおけばおくほど，その行為レベル達成に強く動機づけられることになる。

たとえば，ある営業の仕事の取り組みへのモチベーションのケースを考えてみよう。ある顧客への営業が成功できそうな場合，かつその顧客への営業を達成する魅力が高い場合，モチベーションは最も高まるであろう。反対に，ある顧客への営業が成功できそうにない場合，かつ，ある顧客への営業を達成する魅力が低い場合，モチベーションは低くなるであろう。

13－4　公平理論

モチベーション・動機づけ理論として，**公平理論** (equity theory) がある。公平理論では，自分の置かれた状況が他者の同様な状況と比べて「公平」かどうかが，満足・不満足の規定要因となるのである。

公平理論では，各人が置かれたインプットしての状況とアウトプットとしての結果を考える。具体的なインプットとしては，①性・年齢・勤続年数・学歴・経験などの個人属性，②努力・工夫・創造性などの個人の行動，③仕事のむずかしさ，責任の重さ・厳しさ，などが考えられる。一方，アウトプットは，

給与・ボーナス・昇進その他の待遇上の諸条件，職務条件，承認や協力などの人間関係などが考えられる。

公平理論は，自分にとってのインプットとアウトプットの割合（たとえば努力に対する給与の割合）が，比較上の他者の同様な割合とバランスしている，と認知されている状態を意味している。そして，このような認知が成立しているとき，その本人は結果の配分が**公平**になされていると感じ，結果として満足感を経験する。しかし，インプットとアウトプットの比率が不均衡で，かつ自分にとって不利となっているときは，**不公平**という感じをもつことになり，その結果として不満足感に陥る。

13-5 異文化環境でのモチベーション理論

以上のような3つのモチベーション・動機づけ理論について，その異文化環境での妥当性に関して多くの実証研究がおこなわれている。

13-5-1 一体化理論

一体化理論については，日本企業の従業員のモチベーション・動機づけのメカニズムを考察する際，有効な説であるとされている。

すなわち，日本企業の従業員の会社に対する**愛社精神**のような忠誠心は，一体化の理論により説明できる。日本の大企業では長期雇用慣行が一般的で，従業員の相互交流がさかんであった。また，会社内の情報共有等により，企業の目的が共有されていると知覚されている程度が高かった。さらに，同期入社組の従業員の競争は，最初はなるべく差をつけず，長期的視点で競争がおこなわれていた。以上のような日本企業の特徴は，組織への一体化を強めるメカニズムにはたらいた。

しかしながら，日本企業による最近の**成果主義の導入**やいわゆる**リストラ**は，メンバー間の競争の量を増大させ，集団メンバー間で目的を共有されている程度が少なくなり，かつ，集団メンバー間での相互作用の頻度が少なくなってき

ている状況を生み，一体化によるモチベーションメカニズムが薄れてきているのは事実である。このような日本企業の一体化によるモチベーションの喪失は，全体的に従業員のモチベーションの低下を生み出す可能性がある。

13-5-2 期待理論

期待理論については，アメリカ人の個人主義重視の文化に影響された理論であり，個人業績を重視し，その遂行に高い関心をもつ，合理的で個人的な価値観をもつ人間が仮定されている理論である。

期待理論では，従業員を動機づける報酬のタイプを特定化していないので，その意味ではグローバルに普遍的であるといえる。ただし，報酬のタイプの選好は，文化により相違する場合がある。

13-5-3 公平理論

公平理論については，他人や他の集団と客観的に比較しやすい賃金や労働条件といった報酬の動機づけメカニズムを解明する理論としては，有効な説である。この理論は，グローバルにみると，人間の特性からして普遍的である。

ただし，人間の動機づけは，このような報酬の，ほかとの比較だけではないメカニズムが存在するので（たとえば一体化，愛社精神の感情や人間関係の満足，仕事への誇り等の感情），その点に限界がある。人間の満足・不満足は，他人や他の集団との比較によってもたらされるという人間観は，人間のある側面のみ妥当する考え方である。

13-6 リーダーシップ

特定の目標の達成のために進んで努力するように，集団や組織の行動に影響をあたえる能力が，**リーダーシップ**である。

リーダーシップの主要な理論として，以下がある。

第1は，**リーダーシップの特性理論**である。成功したリーダーに共通する特

性を見つけ出すという，リーダーシップ論のアプローチが特性理論である。表13－2は，影響あるリーダーシップの特性の例をあらわしたものである。

表13－2　影響あるリーダーシップ特性

馬力，達成，野心，エネルギー，粘り，率先性
リーダーシップをとる意欲（個人的な，また社会のための）
正直さ，廉潔さ
自信（感情的安定性を含めて）
知的能力
ビジネスへの精通
その他：カリスマ，創造力，独創性，柔軟性

出所：ハーシィ，ブランチャード，ジョンソン（山本成二・山本あづさ訳）『行動科学の展開』生産性出版，2000年，103ページ

　第2は，**リーダーシップの行動理論**である。有能なリーダーには，どのような行動の特徴，スタイルがあるかに着目したリーダーシップ論のアプローチが行動理論である。代表的なリーダーシップの行動理論としては，オハイオ研究，ミシガン研究，PM論がある。

　第3は，**リーダーシップの条件適合理論**である。状況，環境要因とリーダーシップとの関係に着目したリーダーシップ論のアプローチが条件適合理論である。すなわち，どういう状況において，どのリーダーシップスタイルが有効かについて，それらの適合関係を研究するのである。代表的なリーダーシップの条件適合理論としては，フィドラー研究，パスゴール研究がある。

13－7　パワー

13－7－1　パワーとは何か

　パワー（power）とは，自分がしたいことを他の人におこなわせる能力，あるいは，自分がしたくないことを，他の人から強制されない能力である。パワーは，日本語では，権力，力，支配力，勢力，権限，などと訳される。パワーがあるとは，他者や集団・組織に対して影響力をもつことである。

組織の中で，役職者ではないがパワーをもっている人がいる。その人は，たとえば政界，学会，実業界，会社などの組織に対して，影響力がある，パワーをもつ人なのである。たとえば，政界などで黒幕とよばれる人がいる。黒幕は，何らかの役職に就いていなくても，政界に影響力がある，パワーをもつ人である。グローバルにみても，パワーの役割は重要である。

13-7-2　パワーの源泉

パワーを獲得し，維持するための方法は何であろうか。**パワーの源泉**として，以下の8つがある。これは，グローバルにみても同様である。

第1は，組織において，**重要な資源を直接コントロール**すること，たとえば，予算，人事，設備，技術などを握ることである。特に，その資源が希少な場合，よりパワーを獲得できる。

第2は，組織において，**有用な情報や情報チャンネルを支配する**ことである。有用で希少な情報は，パワーなのである。

第3は，**有利な対人関係を確立する**ことである。重要な人と，良好な人間関係があると，有利な資源や情報に接近する機会をあたえ，パワーの源泉になる。たとえば，会社で実力をもつ会長と有利な人間関係があれば，それがパワーをもつ。

第4は，ある事柄の**専門家**だという名声を築くことである。専門的知識をもつことで，パワーをもつのである。特に，その専門分野が重要で，希少な場合，よりパワーを獲得できる。

第5は，自分自身の考え方を，他人に無意識に同調させ，**一体感の醸成**をさせることである。その典型は，**カリスマ的リーダーシップ**である。カリスマとして理想化することで，パワーを獲得している。

第6は，他の人に対して，**強制力をもつ**ことである。強制力は，恐怖心をあたえる。たとえば，解雇，停職，降格などの権限をもつと，強制力を有することになり，パワーとなる。

第7は，他の人に対して，**報酬**を決める力をもつことである。たとえば，賃

金,ボーナスなどの金銭的報酬,昇進,配置,表彰などの報酬を決める力をもてば,パワーとなる。

　第8は,<u>組織上の地位</u>によるものである。部長が社長に,課長が部長に従うのは,組織階層において上位の地位にもとづくものである。

　いずれにしても,組織の中でパワーを持つことは,グローバルにみても,組織を掌握するために重要なものである。

〔参考文献〕

コッター,J. P.（谷光太郎,加護野忠男訳）『パワー・イン・マネジメント』白桃書房,1981年。

ハーシィ,P.,ブランチャード,K. H.,ジョンソン,D. E.（山本成二,山本あづさ訳）『行動科学の展開』生産性出版,2000年。

マーチ,J. G.,サイモン,H. A.（土屋守章訳）『オーガニゼーションズ』ダイヤモンド社,1977年。

マズロー,A. H.（上田吉一訳）『完全なる人間』誠信書房,1998年。

桑田耕太郎・田尾雅夫『組織論』有斐閣,2010年。

第14章

グローバルな雇用管理論
——採用・配置と異動・昇進・解雇・定年

Summary

本章では，採用，配置，異動，昇進，解雇，定年といった雇用管理についてグローバルな視点から考察する。まず，日本の雇用環境を概説し，雇用管理に関する理論，日本企業の特徴，国際比較からの特徴などについて考察する。

採用については，日本企業の採用の形態と特徴，法律問題などについて説明する。配置と人事異動については，その形態と特徴，および自己申告制度，社内人材公募制などについて説明する。昇進については，昇進のコース，資格制度と昇進などについて説明する。さらに，国際比較の視点も加えて，採用，キャリア形成，昇進に関して，スペシャリストとジェネラリスト，採用とキャリア形成のパターンについて考察する。解雇については，法律的側面や解雇システムの国際比較などについて説明する。定年については，日本の特徴と国際比較の視点から解説する。

14-1 日本の雇用管理を取り巻く環境
——少子高齢化の進行

日本の総人口は，2006年の1億2,774万人をピークとして，その後，緩やかに減少していくと予想されている。図14-1は，日本の人口の推移と見通しを示したものである。

この図14-1によると，**日本の出生率**（合計特殊出生率：1人の女性が一生の間に産む子供の数）は，1950年では2.0程度であったが，1660年代から1970年代の

間を除いて，それ以降低下傾向にある。出生率は，2004年が1.29，2023年が1.20で**少子化傾向**はさらに進んでいる。

さらに日本の人口推移と特徴として，**高齢化の進展**がある。65歳以上の人口の占める割合（**高齢化率**）は，2003年は19.0％であるが，2050年には，35.7％に達すると予想されている。

日本は，このような**少子高齢化**の進展にともない，労働者になりうる人口の割合，すなわち15歳から64歳の**生産年齢人口割合**が2000年の68.0％から，2050年には53.6％に低下すると予測されている。

図14－1　日本の人口の推移と見通し

出所：厚生労働省編『平成17年度版厚生労働白書』9ページ

日本の少子化傾向は，国際比較の視点でみても急速に進んでいる。

このような日本の少子高齢化にあって，**若年労働者の人材育成と雇用促進，高齢者の労働市場への参加，女性の労働力供給の促進，および外国人労働者や移民に関する政策**などが重要である。

なお，グローバルにみても，先進諸国において，ほとんどの国が少子高齢化に直面している。

第14章 グローバルな雇用管理論——採用・配置と異動・昇進・解雇・定年

14－2 採　　用

14－2－1 採用の形態

　日本企業の採用タイプには，①高校や大学などからの新卒採用，②職業経歴のある者の中途採用，③契約，パート，アルバイト社員などの非正規社員の採用などがある。

　第1の高校や大学などからの**新卒採用**は，企業が高校や大学卒業予定者などを対象として，募集・選考し，採用する形態である。新卒者を4月に採用する**定期一括採用**が一般的である。ただし，近年，海外の大学卒業生や既卒者などを対象とした年間を通じての**通年採用**や，**秋季採用**を導入している企業もある。

　第2は，職業経歴のある者の**中途採用**，**経験者採用**である。新聞，雑誌，公共職業安定所（ハローワーク），インターネット，縁故などの方法により，職業経験のある経験者を，欠員や即戦力の補充などで不定期に募集する採用形態である。近年，中小企業のみならず，大企業や外資系企業でも経験者採用が多くなっている。

　第3は，契約，パート，アルバイトなどの**非正規社員の採用**である。これらの社員は正社員以外の社員であり，**フリーター**，**非典型雇用社員**などともいわれている。日本企業は正社員の採用を絞り込み，契約，パート，アルバイト，派遣社員などの非正規社員が多くなっており，社会問題にもなっている。

14－2－2 日本企業の採用の特徴

　日本企業の大学新卒採用では，個々の職種・職務内容を必ずしも明確化せず，適性をみた上で配置する形がまだ一般的である。日本企業は大学新卒採用で，文系と技術系といったグループとして採用し，本人の意向を考慮した上で，入社後の研修，仮配置などにより，本人の適性・能力などを総合的に評価した上で配置する。

　この場合，採用では，特定の職務遂行能力のみならず，**潜在能力**，**基礎学力**，

性格等が採用選考で重視される。

ただし日本では，近年，新卒採用や経験者採用で，**職種・ジョブ型採用**も増加している。職種・ジョブ型採用とは，ある特定の職種に対する補充として，その職種に最も適合する人材を採用する形をとる。それゆえ，職種や職務が明確化された採用となるため，その職種や職務を遂行する能力や意欲をもつ人材を採用することになる。職種・ジョブ型採用の例として，IT，営業，経理，広報，人事，法務，国際，生産，研究開発，情報などがある。

14-2-3　採用に関する法律問題

企業は，従業員の募集方法，基準，選考などについて，原則的に**採用の自由**という権限をもっている。ただし，「**男女雇用機会均等法**」(1985年制定) で，募集，採用段階で**男女の差別を禁止**している。このため，男性のみの募集や女性のみの募集は禁止されている。

従業員の採用にあたって，**労働条件を明示**する必要がある。労働条件としては，就業規則，賃金額，契約期間，労働時間などがある。

大学新卒予定者において，採用内定通知後の**内定取消し**は，客観的に合理的で社会通念上相当として是認しうる理由がなければ，できないとする判例が通説である。

14-3　配置と人事異動

14-3-1　配置と人事異動

会社に入社すると，研修等の導入教育等の後，**初任配属**される。日本の企業では，初任配属後に本人の適性や希望，会社側の都合，ジョブローテーションなどのために**人事異動**がおこなわれる場合が多い。

人事異動には，企業内人事異動としての**配置転換**，および企業外人事異動としての出向と転籍がある。図14-2は，人事異動の形態をあらわしたものである。

第14章　グローバルな雇用管理論——採用・配置と異動・昇進・解雇・定年

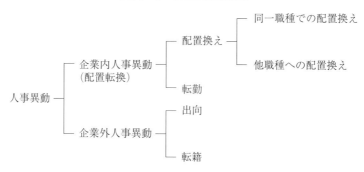

図14-2　人事異動の形態

　配置転換には，同一事業所内や同一勤務地内での所属部署の変更という**配置換え**と，勤務地（国内や海外）の変更という**転勤**がある。なお，配置換えには，営業部門の中での所属部署の変更といった**同一職種での配置換え**と，営業部門から人事部門への所属部署の変更といった**他職種への配置換え**がある。

　出向とは，現勤務の会社の従業員としての地位を保有しつつ，新たに関連会社，系列会社，国内子会社，海外子会社，または外部の会社などに勤務する形態である。**転籍**とは，現勤務の会社との雇用関係を解消して，新たに別の会社に移る人事異動の形態である。

　企業において，**人事異動の役割，機能**として以下がある。

　第1に，人事異動は，定期的に人を入れ替えることにより，会社の**人事の停滞**を防止する。

　第2に，人事異動は，**雇用調整の機能**を果たすことができる。日本の企業では，経営不振，工場閉鎖，工場の機械化などのときに，弾力性のある人事配置として，人事異動が用いられた。

　第3に，さまざまな職場を経験することにより，個々の**従業員の能力を開発**して，適材適所への配置を可能にする。

　第4は，他部門や他職種を経験することにより，**経営全般を見わたせる人物を育成**することができる。

　第5は，人事異動により，新しい職場，職種を経験することで，**モチベー**

ションが高まる場合がある。

14-3-2　自己申告制度と社内人材公募制

　従業員がキャリアや配置などの希望を会社に申告する制度が，**自己申告制度**である。自己申告制度は，従業員の希望にもとづく配置によるモチベーションの向上，適材適所による配置などのメリットがある。

　特定の仕事について，社内で公募することにより人材を選考し，配置する制度が**社内人材公募制**である。社内人材公募制は，社内から広く募集し，応募してきた社員から人材を決める制度であり，人材発掘の手段として有効である。また，自分の希望による応募によるため，モチベーションが高く，意欲のある人材である可能性が高い。

　このような自己申告制度と社内人材公募制は，従業員の配置において，有効に活用すべき制度であろう。特に，**海外派遣**の場合，社内公募制も有効であろう。

14-4　昇　　　進

14-4-1　昇　　　進

　企業組織の上位の役職への上昇が**昇進**である。

　日本の企業は，役職への昇進は，勤務年数を基本的な基準として，人事考課にもとづいて決定している形が一般的である。すなわち，上位の役職への昇進は，勤務年数や現職位の在職年数で最低基準年限が設定されており，それらの年限に達した場合，これまでの人事考課を主な評価基準として昇進する仕組みである。近年，抜擢で，年限に関係なく昇進するケースも増えている。

　なお，日本企業では，近年，**昇進制度の複線化**として，**ライン役職昇進**と，**専門職・専任職昇進**という2つのコースを設けている企業もある。図14-3は，昇進の2つのコースをあらわしたものである。このねらいは，専門職として昇進するコースを設定することで，高度の専門的能力をもつ人材を処遇すること

第14章　グローバルな雇用管理論——採用・配置と異動・昇進・解雇・定年

である。

図14－3　ライン役職昇進と専門職・専任職（技術系）昇進

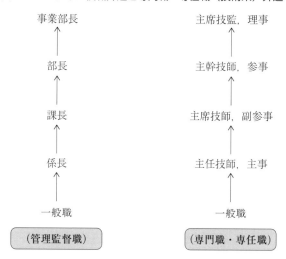

14－4－2　資格制度と昇進

　日本の企業では，昇進や賃金決定において，**職能資格制度**を基本としている企業が多い。

　職務遂行能力に分類した**職能資格**，および**役職**という2つに分類された人事制度が職能資格制度である。**図14－4**は，職能資格制度のケースを示している。

　職能資格制度のこのケースでは，企業の職務遂行上の能力が，一般職，指導監督職，管理専門職というような**資格**として大きく分類される。また，各職能で，1等級から12等級に区分されている。**役職**としては，部長，課長，係長，主任，一般職等の役職に分かれている。

　職能資格制度は，役職に対応した資格をもつ人の中から，ある役職者を選ぶことになる。たとえば，部長は，参与（12等級），副参与（11等級）という異なった職能資格をもつ者が存在する。以上のように，職能資格制度は資格と役職を分離し，その対応関係が弾力的に設定されている。

図14-4　職能資格制度

職能資格		等級	役職
管理専門職	参与	12	部長
	副参与	11	
	参事1級	10	課長
	参事2級	9	
	副参事	8	係長
指導監督職	主事	7	
	副主事	6	主任
	主査1級	5	
	主査補	4	
一般職	社員1級	3	
	社員2級	2	
	社員3級	1	

14-5　スペシャリストとジェネラリスト

　採用については，スペシャリストを基本にする採用制度と，ジェネラリストを基本とする採用制度に類型化できる。

　スペシャリスト的採用制度は，ある特定の職種に対する補充として，その職種に最も適合する人材を採用する形をとる。それゆえ，職務が明確化された採用となるため，その職務を遂行する能力や経験をもつ人材を採用することになる。日本企業は，近年，**ジョブ型雇用**として，この採用が増えてきている。

　ジェネラリスト的採用制度は，個々の職務内容を必ずしも明確化せず，大雑把なグループとして採用し，入社後の研修や配置により適性をみた上で配置する制度である。日本企業の大卒採用で，従来一般的な採用形態である。

　また**キャリア形成**については，採用制度と関連して，スペシャリスト的キャリア形成と，ジェネラリスト的キャリア形成に類型化できる。

第14章　グローバルな雇用管理論——採用・配置と異動・昇進・解雇・定年

スペシャリスト的キャリア形成は，採用後，同一の職種や職務を基本にした配置，ジョブローテーション，昇進を原則とする制度である。

ジェネラリスト的キャリア形成は，採用後，多様な職種を経験させることを基本とした配置，ジョブローテーション，昇進を原則とする制度である。

14-6　解　　　雇

14-6-1　解雇と解雇の法的ルール

日本の場合は，多数の裁判例の積み重ねによって，**解雇権濫用法理**として4つの解雇要件が法的ルールとしてほぼ確立されている。

第1は，人員削減の必要性が，企業経営上の高度な必要性にもとづいていることである。

第2は，人員削減の手段として整理解雇を選択する必要性である。つまり，解雇をする前に，配転，出向，一時帰休，希望退職などの手段によって，解雇を回避するよう努力する義務がある。

第3は，解雇者の選定の妥当性である。解雇する従業員を選ぶ場合，合理的な基準を立てて，それを公平に適用する必要がある。

第4は，実施手続きの妥当性である。経営者は，労働組合や従業員に対して，整理解雇の必要性とその時期，規模，方法について説明をおこない，協議する義務がある。

14-6-2　希望退職の募集

日本では，現実に人員削減を実施する場合，まず**希望退職**を募るのが一般的である。希望退職は，募集人数を決めて一定の年齢以上の従業員を対象にして，退職金の優遇などをおこない，自発的な退職者を募集することである。希望退職に適用される年齢は，近年，たとえば40歳以上というように，若くなる傾向にある。海外でも，希望退職をおこなうケースもある。

希望退職募集には，以下のような問題点がある。

第1は，退職者数が不確実であるという点である。希望退職は，優遇措置の内容により，計画した雇用削減を実施できるかわからない。優遇措置の内容が貧弱である場合は，退職を申し出る人数は少なく，優遇の内容が良い場合は，予定以上に退職申込者が増えてしまうかもしれない。前者の場合は，再度募集する必要が生じるであろうし，後者の場合は，退職者は予定以上となり，組織構成のアンバランスや退職金支出増大という結果にもなりかねない。

　第2は，会社としては残ってもらいたい優秀な社員が多く辞めてしまうという可能性がある点である。ほかに就職をみつけやすい優秀な社員が早く辞め，逆に他の企業では就職できにくい社員が残るという問題が生じる可能性がある。

14-6-3　解雇システムの国際比較

　解雇については，国際比較の視点でみると，従業員をできるだけ解雇せずに**長期雇用**を維持しようとする方針，および必要な場合解雇することとし，必ずしも長期雇用にこだわらない方針の企業という類型がある。

　アメリカのブルーカラー従業員の場合，解雇の原則について労働組合と協定し，**先任権による解雇のルール**がみられる。アメリカにおいては，企業の業績が悪化するとブルーカラー従業員の解雇をしばしばおこなうが，その場合，勤務年数の短い従業員から先に解雇し，勤務年数の長い従業員を優遇する**先任権**（seniority）による形が多い。労働組合も，この先任権の原則を支持している場合が多い。この先任権のルールは，アメリカのみでなく，イギリス，オーストラリアの企業でもみられる。

　日本の企業は，従来，終身雇用という建前で解雇についてはできるだけせず，雇用を守るという大企業がかなり存在していたが，昨今の経済不況から，日本企業においても各種の解雇が増加している。国際的にみると，日本の場合の解雇の問題点は，解雇のルールが明確でないこと，アメリカのような先任権制度がみられないことから，人件費の高い中高年をターゲットとした解雇が多い点である。

　海外の日系企業については，できるだけ解雇をしない方針を保ちながらも，

必要がある場合には，現地の経営慣行を参考にしつつ，思い切った解雇政策を実施するという企業が一般的である。

14-7 定　年

14-7-1 定年制とは何か

　定年制とは，従業員が一定の年齢に達したときに労働契約が終了する制度である。すなわち，定年制とは労働協約・就業規則などにおいて，従業員が定年という一定年齢に達したときに，労働継続の意思と能力をもつもたないにかかわらず，労働契約を終了させる旨の定めをしたものである。労働基準法では，「退職に関する事項」を就業規則に記載する必要があるとしている。

　日本での定年制の導入は，明治30年代に東京砲兵工廠や日本郵船にみられる。大正に入り，造船大手，銀行，信託会社等に徐々に導入され，昭和初期にはかなりの数の大企業に普及した。定年は55歳としている企業が多かった。定年制が普及したのは，第2次大戦後の労働組合運動によって年功制が強化され，長期の雇用保障の実質的強化や，退職金制度の協約化が進んだことが重要な契機となった。

14-7-2 60-65歳定年制

　日本においては現在，**60歳から65歳を定年**とする企業が一般的である。定年退職制度については，**高齢者雇用安定法**で，定年退職制度における定年年齢は，60歳以上とする必要がある。定年を65歳未満に定めている事業者は，65歳までの定年の引き上げ，継続雇用制度の導入，定年の廃止，のいずれかの措置を実施する必要があるとしている。

　このほか，定年退職制度において男女差別定年を定めることは，**男女雇用機会均等法**の成立により，法律の明文においても禁止された。実質において男女別の定年として機能する職種別定年制も，職種ごとに定年に違いを設ける合理的な理由がない限り違法となる。

14-7-3 定年制の機能

定年制が果たしてきた機能としては,以下がある。

第1は,**従業員の新陳代謝**という機能である。高齢従業員が退職させることにより,従業員の若返りをはかることである。

第2は,定年制により**雇用調整**が容易になることである。定年制度があれば,定年退職者の人数は事前に把握することができるため,新規採用や希望退職・解雇といった雇用調整をともなう企業の人員計画を,計画的におこないやすい。

第3は,年功賃金による**人件費の増大を防止**する機能である。特に,年功原則による退職金支出の増加を抑制することである。

第4は,昇進管理の円滑化ないし**人事の停滞を防止**する機能である。

第5は,**労使紛争を回避**し,良好な労使関係の維持するという機能である。原則として定年まで雇用を保障するという終身雇用制により,良好な労使関係を維持しようとするものである。

第6は,定年までの雇用の安定化による**労働力の長期定着化**である。定年まで雇用を原則として保証することにより,従業員の会社に対する一体化の強化,モラルアップ,技能の向上,離職率低下による従業員の長期定着化をもたらした。

14-7-4 定年制の見直し

60-65歳定年制が一般化されるにつれて,現在,定年に関連する各種の制度の見直しがおこなわれている。

第1は,定年年齢の前に**選択定年制や早期退職優遇制度**が設けられ,定年前に定年扱いの退職機会を設定する企業が出てきたことである。

第2は,定年延長にともなう昇進スピードの低下や昇進機会の減少を避けるため,定年とは別に**役職定年制や役職任期制**を設ける企業が出てきたことである。

日本においては,定年制のような一定の年齢に達すると半ば強制的に退職さ

せる制度や，一定の年齢以上の従業員を対象とした選択定年制，役職定年制の募集，実施が法律的に認められている。

14－7－5　定年制度の国際比較
　　　　　　──アメリカ・オーストラリアのケース

　グローバルにみると，アメリカ，オーストラリア等，定年を設けることは**年齢による差別**であるとして法律的に認めていない国が存在する。アメリカやオーストラリアでは，一定の年齢で，一律に退職することを定めた定年退職制度は禁止されている。健康で能力があれば，原則として何歳までも働くことができる。また，レイオフや解雇を実施する場合に，40歳以上の中高年従業員だけを対象にすることは違法となる。したがって，賃金が比較的に高い中高年従業員を削減したい場合には，早期退職優遇策を制度化し，中高年従業員が早期に退職するように誘導することが必要になる。

　アメリカでは**雇用における年齢差別法**が1967年に成立し，1986年の改正によって年齢の上限が廃止され，現在では40歳以上のすべての人々が法律の適用対象になっている。このように，アメリカでは法律的には雇用における年齢差別を厳しく禁止し，定年退職も禁止されているが，実際には60歳から65歳で退職する人が多い。アメリカでは，62歳から一定の割引率のもとで年金が受給でき，65歳からは満額が受給できることによるためである。

　このような制度は，将来の日本の定年制度においても参考となる。

（参考文献）
今野浩一郎，佐藤博樹『マネジメント・テキスト　人事管理入門〔第3版〕』日本経済新聞社，2020年。
菅野和夫『新・雇用社会と法』有斐閣，2002年。
菅野和夫・山川隆一「労働法」弘文堂，2024年。
丹野勲『日本的労働制度の歴史と戦略』泉文堂，2012年。
西谷 敏『人権としてのディーセント・ワーク』旬報社，2011年。
西谷 敏『労働法〔第3版〕』日本評論社，2020年。

第15章

グローバルな賃金・報酬,労働時間・休日

Summary

本章では,賃金などの報酬,労働時間や休日について,グローバルな視点からその理論,日本の特徴,国際比較を中心として考察する。まず,日本の賃金制度について,賃金の構造,職能給,職能資格給に関して説明する。そして,賃金・報酬について,日本,アングロサクソン諸国との国際比較の視点で,身分の均一性,賃金制度,年功,人事考課,付加給付などについて考察する。また,退職金と企業年金の制度と特徴についても説明する。

労働時間と休日については,日本の労働時間と休日制度,労働時間と休日の国際比較などについて議論する。

15-1　日本の賃金制度

15-1-1　賃金制度

企業における**賃金**は,通常,一定の期間や日に支給される賃金(月給など)と,特別に支給される賃金(賞与,退職金など)とに分けられる。

一定の期間や日に支給される賃金としては,時給制,日給制,週給制,月給制,年俸制などがある。日本企業では,正規従業員は**月給制**が一般的である。近年,管理職などでは**年俸制**を導入する企業も増えている。年俸制とは,仕事の成果によって年間の賃金額を決めるという制度である。

特別に支給される賃金としては,**賞与**(**一時金**),**退職金**などがある。賞与

（一時金）とは，通常，夏期賞与と年末賞与の２回に分けて，会社の業績，本人の成果や人事評価などを勘案して支給する報酬である。日本の企業では，業績がかなり悪化しない限り，賞与を支給している企業が一般的である。

　企業の賃金総額は，結局，**労働分配率**（企業の付加価値のうち，人件費として分配される比率）の問題でもある。従業員の賃金を単なるコストと捉えるのではなく，企業の生産性を上げ，付加価値を高め，創造性，イノベーションを生むための**人的資産の費用**と考えるべきである。日本企業は，長年，賃金の引き上げが少なかったため，日本企業の賃金は，先進国の中で低い方になっている。従業員のモチベーションを高め，経済を活性化させるために，労働分配率を高め，賃金を引き上げるべきである。

15－1－2　賃金の構造

　日本企業の賃金構造は，月例賃金としての月給，および特別な賃金としての賞与（ボーナス），退職金などがある。

　月給などの賃金は，一般的に，基本給と諸手当からなる**所定内（基準内）賃金**と，所定外の労働に対し支払われる**所定外（基準外）賃金**とに大別される。図15－1は，日本企業の代表的な賃金構造をみたものである。

　所定外（基準）外賃金として，時間外手当，休日手当，深夜手当，祝日当直手当などがある。

　所定内賃金として，**基本給**と**諸手当**がある。所定内賃金の主たるものは，基本給である。また諸手当としては，役職手当，技能手当，特殊勤務手当，特殊作業手当などの**仕事手当**と，家族手当，住宅手当，地域手当，通勤手当などの**生活手当**，そのほかに勤務年数による**勤続手当**などがある。

　日本企業の正規従業員では，基本給は１カ月当たりいくらの定額給（月給制），出来高に応じて定まる出来高給（能力給，歩合給），および両者を併用した制度が一般的である。

図15−1　日本企業の代表的な賃金構造

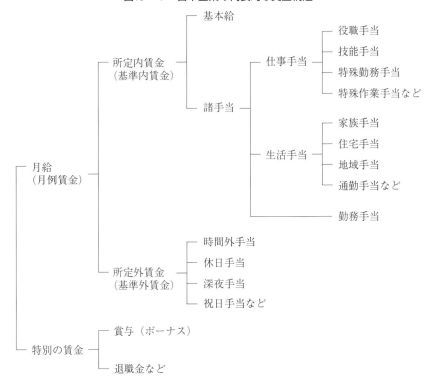

　日本の企業では，基本給の類型として，以下がある。なお，これらは併用されている。
① 　基本給が，学歴，年齢，勤務年数などによって定まる**年齢給**という型である。年齢給は，個人的属性から定まるので**属人給**ともよばれる。
② 　基本給が，職務内容によって定まる**職務給**，**職務等級給**という型である。
③ 　基本給が，出来高にその単価を乗じて算出される**出来高給**という型である。
④ 　基本給が，職務遂行能力の種別としての職能資格と，その中のランク（級）によって定まる**職能給**，**職能資格給**という型である。
　日本の企業では，基本給が職能給，職能資格給を基本としている企業がまだ一般的である。

15−1−3　職能給，職能資格給

　グローバルにみると，アングロサクソン諸国を中心とした欧米諸国の職務給，職務等級給に対して，日本の賃金は，職能給，職能資格給が中心である。

　職能給，職能資格給とは，従業員ごとに職務遂行能力のレベルにより**職能資格**を分類し，この職能資格を基本として賃金が決まる仕組みである。日本の企業は，職能資格と役職が分離した形となっており，上位の役職への昇進は，対応している職能資格者から選抜する形となる。このような職能資格制度を基本とした日本企業の職能給は，アングロサクソン諸国を中心とした欧米企業ではあまりみられない。

　欧米企業で一般的である職務給が日本企業に普及しなかった理由として，以下が考えられる。

　第1に，日本では，従業員が1つの仕事のみに従事しない傾向があること，また仕事が明確に細分化されて個々の従業員に割当てられていない傾向があることなどにより，職務という概念が未成熟であったことがある。

　第2に，日本では，同一の職種・職務のみならず他の職種・職務への配置転換が比較的多いため，職務給であると，そのたびに賃金を変えなければならない可能性があり，従業員も会社側も煩雑であることである。

15−2　賃金制度の国際比較

15−2−1　身分の均一性と賃金制度

　国際比較の視点で人的資源管理をみると，人的資源管理の全般的方針として，**身分の均一性**という概念が重要である。すなわち，従業員の身分・待遇等で均一性を重視する制度をとるか，それとも身分・待遇などで格差を設ける制度をとるかの決定である。

　一般的にアングロサクソン諸国では，歴史的に**ブルーカラー**（工場労働者などの現業従業員）**とホワイトカラー**（事務，専門職，管理職などの従業員）**の格差**

が存在し，階級社会の傾向が依然として濃厚である。イギリス・アメリカ・オーストラリアといったアングロサクソン諸国の企業の賃金体系においては，ホワイトカラーとブルーカラーの賃金制度が異なっているのが一般的である。

ホワイトカラーは月給制や年俸制が中心であるのに対して，ブルーカラーは，時給，日給，週給が基本となる賃金制度である。ブルーカラーがホワイトカラーに職種転換するのは，一般的に困難である。さらに，食堂，駐車場，トイレ，制服などの格差を設ける企業もある。

日本では，従業員の身分・待遇などでできるだけ格差を設けず，身分の均一性を重視する制度をとる企業が多い。賃金体系では，ホワイトカラーとブルーカラーが同一の月給制度や年俸制度を基本とする。また，ホワイトカラーとブルーカラーとの職種転換をも実施する。その他の労働条件をもできるだけ同一にし，身分の均一性を重視する政策をとっている。

15−2−2　アングロサクソン諸国の賃金制度

賃金制度をアングロサクソン諸国と日本との国際比較の視点でみると，きわめて興味深いのは，ブルーカラー従業員とホワイトカラー従業員を明確に区別した賃金制度にするか否かの相違である。

イギリスの企業の賃金体系においては，ホワイトカラーとブルーカラーの賃金制度が異なっているのが一般的である。**ホワイトカラー**は，**月給制**や**年俸制**が中心であるのに対して，**ブルーカラー**は，**日給**や**週給**が基本となる賃金制度である。英語で**wage**は，ブルーカラーのこのような賃金，**salary**は，ホワイトカラーのこのような賃金を意味し，英語の言葉においても賃金のニュアンスが微妙に相違している。

アメリカはイギリスとほぼ同じく，ブルーカラー従業員とホワイトカラー従業員との間に，賃金構造が相違している形が一般的である。ブルーカラーは時間給を基本とした賃金制度であり，ホワイトカラーは年俸や月給を基本とした賃金制度である。賃金の実際の支払いは，ブルーカラーは週給で，ホワイトカラーは年俸額の月割りで月給として支払われる形が通例である。

オーストラリアも，イギリス，アメリカを中心としたアングロサクソン諸国とほぼ共通した賃金構造である。オーストラリアは，歴史的にみるとアメリカと同じくイギリスの植民地から発展しており，人事・組織の面ではイギリスの影響が強くみられる。オーストラリアは，イギリス植民地の伝統からか，**ブルーカラーとホワイトカラーの格差**が依然として存在している。ホワイトカラーは，年俸制や月給制が中心であるのに対して，ブルーカラーは，週給制が基本となる賃金制度である。賃金支払いは，週給をベースに2週間に1回，木曜日か金曜日に支払われるのが一般的である。

　以上のように，イギリス，アメリカ，オーストラリアといったアングロサクソン諸国の賃金構造は，ブルーカラーとホワイトカラーの身分格差を前提とした賃金構造が基本となっている。

15-2-3　日本の賃金制度

　日本はアングロサクソン諸国と比較すると，従業員の身分・待遇などでできるだけ格差を設けず，**身分の均一性**を重視する制度をとる企業が多い。

　賃金体系では，ホワイトカラーとブルーカラーが同一の月給制度であることを基本とした企業が一般的である。

　ただし日本の場合も，歴史的にみると第2次世界大戦以前は，職員と工員との間で各種の格差が設けられていて，賃金制度もブルーカラーとホワイトカラーでは相違していた。戦後の労働組合の運動により，工員と職員の身分の均一性が生まれたのである。

15-2-4　年功と賃金

　グローバルにみると，賃金については，国際比較の視点でみると，年功と業績のどちらにより比重をおくかでの類型がある。日本や儒教思想の影響が強いアジアの国の企業は，賃金の場合，**年功**も重視する傾向がある。

　日本では，近年，変化しつつあるものの，賃金決定に年齢や勤続年数が考慮される**年功給**的性格をまだもっている。

アングロサクソン諸国では，現場労働者としての**ブルーカラー**と事務職・管理職としての**ホワイトカラー**との間に，**身分の格差**が大きい。

アングロサクソン諸国のブルーカラーは，年齢や勤続年数にかかわらず，職務とレベルが同一であれば，ほぼ同一の賃金という**仕事給**，**職務給**に近い形が一般的である。

アングロサクソン諸国のホワイトカラーの場合は，社内での職種，職階，職務等級による賃金規定によるもの，個別の交渉によるもの，という賃金決定方法が一般的である。ホワイトカラーの賃金は，ブルーカラーと同様，基本的には仕事給，職務給である。

ただし注意すべきことは，一般的にアングロサクソン諸国の労働者でも，職務経験や勤続年数が長くなるにしたがい，昇進したり，職務レベルが上がる場合がかなりあることである。その場合は，勤続年数や年齢が上がるにつれて賃金が増えるという，年齢と賃金の上がり方をみると年功的カーブの傾向がある。

15-2-5　職務給，職務等級給

グローバルにみるとアングロサクソンを代表とする欧米諸国の賃金と仕事に対する考え方は，特定の**職務**（job）に対する賃金という考え方である。すなわち，特定の職務を遂行していくための能力，知識，熟練，経験，責任，難易度，負荷等について**職務評価**（job evaluation）をおこない，特定の職務に対しての相対的な価値を評価した上で賃金が決定される。これは，あくまで職務・仕事の価値に対する賃金ということで，**職務給**という考え方である。

賃金体系の基本構造は，職務評価によって同一のレベルであると評価される**職務等級**を1つのグループにし，職務評価が下位のグループから上位のグループごとに分類（これを英語でjob grades, job classificaitonという）することである。

図15-2は，アングロサクソン諸国における，典型的な賃金体系のケースを3つあげたものである。

同一の職務評価のグループの職務は，原則的には同一の賃金となり，職務グ

ループごとに決められている**賃金額の範囲での賃金**（wage range）となる。もし従業員が配置転換，昇進をした場合，以前の職務より職務のグレードが高い職務につけば，一般的に賃金は上昇する。ただし，職務グループごとに最低と最高の賃金の幅が決められていることから，低い評価の場合賃金が増えないこともありうる（特に**図15－2（b）**のケース）。職務グループの平均額をみると，上位の職務グループは下位の職務グループより賃金額は高いことになる。

図15－2　アングロサクソン諸国の賃金体系

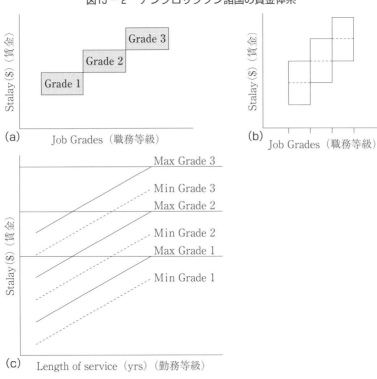

15-2-6　人事考課・業績評価と賃金

グローバルにみるとアメリカ，イギリス，オーストラリアなどのアングロサクソン諸国の企業では，一般的にブルーカラーの時給・週給従業員の場合，上

司による公式な**人事考課・業績評価がされないケース**がかなりある。

オーストラリアでの人事考課・業績評価のケースをみてみよう。オーストラリアでは，フルタイムの従業員の過半数が業績評価をされていない。これは，オーストラリアの場合，長い間の労使の慣習として，賃金は職務内容や職務の難易度等の仕事ごとに決められ，労働者ごとに差をつけないという原則があるため，労働者の業績評価・査定を組合が認めないという事情があるからである。

ブルーカラーが人事考課・業績評価を受けていないケースは，オーストラリアのみではなく，アメリカやイギリス等のアングロサクソン諸国でもみられる経営慣行である。

アングロサクソン諸国では，賃金は，職種・職務別，あるいは職務等級（ジョブグレイド）別に，賃金額が労働協約で定められており，人事考課の入り込む余地が少ないという事情がある。

ただし，アングロサクソン諸国でも，専門職，事務職，管理職等の月給制や年俸制をとるホワイトカラー従業員の場合，上司による業績評価・査定を受けている割合は高い。

15－2－7　付加給付とボーナス（賞与）

付加給付（fringe benefits）を国際的にみると，以下がある。ボーナス・報奨金支給，ストック・オプション，社宅・宿舎の提供，住宅購入資金の低利率融資，扶養者手当等各種手当，健康保険・医療費補助，食事の提供，福利厚生施設の利用・補助，通勤バスの運行，レクリエーション費，交際費，乗用車貸与，企業老齢退職慰労金，電話料金，クラブおよび専門職団体会費，海外旅行費，必要経費補助，国内旅行費用補助などと，これらの付加給付の内容を従業員が選択できる**カフェテリアプラン**がある。これらの付加給付は，国際的にみると，各国特有の事情，慣習により付加給付の種類と比重には相違がある。

日本の企業の付加給付の特徴は，以下の点を指摘できる。

第1に，日本では，付加給付額の中で**ボーナス（賞与）**の占める比重が高い傾向にある。日本企業のボーナスの額，年収に占めるボーナスの比重は，国際

的にみると高い傾向がある。アングロサクソン諸国でのボーナスは、従業員個人の仕事に対する成果という色彩が強く、個人に対する成果配分である。

　第2に、日本では、付加給付の内容がブルーカラーとホワイトカラー、一般従業員と管理者、階層間などで**格差**がない傾向にあるのに対して、アングロサクソン諸国では、各階層・職種間で格差があることである。特に管理者については、ブルーカラーと異なる各種の付加給付をあたえている企業が存在する。

　第3は、日本では付加給付が家族手当、扶養手当等に代表されるように、**生活給的**な色彩が濃厚であるのに対して、アングロサクソン諸国の企業では管理職対象のストック・オプション、自動車や住宅の補助等に代表されるように、現金給与以外で個人のモチベーションを高めるための付加給付であるという特徴がある。

15−3　退職金と企業年金

15−3−1　退職金の性格

　退職金は、永年勤続者に対する**功労報酬（こうろうほうしゅう）的性格**をもつと同時に、**賃金の後払い的**性格をもち、従業員の**退職後の生活保障**の役割を果たすものである。

　日本の退職金制度は、いわゆる**暖簾分（のれんわ）けの伝統的慣行**を引き継ぐ制度として戦前から存在した。

　退職金は、法的には退職などの労働契約が終了すれば当然発生するというものではなく、退職金を支給するという規定や慣行が存在する場合に、使用者は支払わなければならないという義務が発生する。

　一般的に、中小企業の退職金の場合、中小企業退職金共済法により使用者が中小企業退職金共済事業団に掛け金を納付し、事業団から退職金が支給されるのであるが、強制的なものではない。

15−3−2　退職金の算出

　退職金は、雇用期間に単純に比例して算出するのではなく、算定基礎賃金に

勤続年数別の支給率を乗じて算定されるという，長期に雇用すればするほど有利に算定される方式がとられることが多い。

退職金は，他方では功労報酬的性格をも有しており，支給基準において**自己都合退職**と**会社都合退職**とを区別したり，勤務成績の勘案がなされたり，**同業他社への就職**や**懲戒解雇**など使用者にとって望ましくない事由がある場合には，退職手当を減額ないし没収する条項が設けられたりする。

15-3-3　企業年金制度

現在，**退職年金制度**が退職一時金制度に替わるものとして，あるいは退職一時金と併用する形で普及してきている。退職一時金制度は，使用者にとって一度に多額の支払いが必要であり，この企業負担を軽減すること，また従業員の退職後の安定的な生活の保障という点からも退職年金が注目されている。退職年金制度は，退職金の全部あるいは一部を年金という形で支払うという，私的な制度としての**企業年金**である。

退職年金は，社内年金方式のほかに，社外年金方式として厚生年金保険法にもとづく**調整年金制度**と，法人税法にもとづく**適格退職年金制度**が採用されている。調整年金は，使用者が掛け金を**厚生年金基金**（近年，運用難から基金数は減少している）に支払い，従業員は退職後その基金から退職年金を受け取る制度である。

日本の代表的な企業年金制度は，適格退職年金である。適格退職年金は，一定の要件を満たす社外積み立て式の企業年金に対して税法上の優遇をあたえる制度であり，使用者が掛け金を信託会社もしくは生命保険会社に支払い，従業員は，退職後にその基金から退職年金を受け取るのである。適格退職年金は，将来の年金給付額が報酬や勤続年齢を基に一定の計算式によってあらかじめ決められている**確定給付型年金**である。

最近では，他企業に転職しても勤務期間を通算して継続できる企業年金制度として，確定拠出型の**401kプラン**などが注目を集めている。2001年10月からアメリカの401kプランをモデルとした日本版401kともよばれる**確定拠出年金**

制度が日本で導入された。これは，掛け金とその運用益によって将来の年金給付額が事後的に決まる確定拠出型の年金制度である。すなわち，確定拠出型は，拠出された掛金は個々の加入者が自己責任で運用し，掛金とその運用収益との合計額を基に給付額が決定される年金制度である。

確定拠出年金には，企業が従業員のために制度を実施する**企業型年金**と，国民年金基金連合会が実施し，自営業者などや企業の支援が受けられない従業員が任意で加入する**個人型年金**の2つの制度がある。

15-4　労働時間と休日

15-4-1　日本の労働時間制度

日本では，**法定労働時間**は1日8時間，1週40時間以内と定められている。もし，所定労働時間が，法定労働時間を超えて労働させる場合には，使用者と過半数従業員が組織する労働組合，または過半数従業員を代表とする者との書面の協定を締結（これを**三六協定**とよぶ）し，これを労働基準監督署に届けねばならず，また割増賃金を支払わなければならないとしている。

なお，日本は，労働時間に関するグローバル標準である**ILO第1号条約**（工業的企業における労働時間を1日8時間かつ1週48時間に制限する条約），および**ILO第47号条約**（労働時間を1週40時間に短縮することに関する条約）を批准していない。

常時10人以上の労働者を使用する事業場では，始業および終業の時刻，休憩時間，休日，休暇，交替制などの事項を**就業規則**に必ず記載しなければならないとしている（「労働基準法」89条1号）。

所定労働時間を超えて残業した場合の**時間外手当**の割増率は25％以上，**休日労働**の割増率は35％以上と定められている。日本のこの割増率は，グローバルにみると先進国の中では，低い水準である。他の先進国（アメリカなど）では，法定労働時間を超えた割増率は50％以上と規定しており，欧州の多くの国も，時間外労働の時間数に応じて高くするなどの制度をとっている。

ただし，管理監督者（管理職）などは，残業代としての時間外勤務手当ては

支給しなくてもよいとされている。

15-4-2 変形労働時間制度

1週間，1カ月，1年間などの単位期間において，所定労働時間の合計が法定労働時間の総枠の中であれば，1日，1週間，1カ月などの労働時間が法定労働時間を超えても，所定労働時間の限度内で時間外労働の取り扱いをしない制度を**変形労働時間制度**という。

図15-3は，4週間単位の変形労働時間制のケースをみたものである。このケースでは，第1週と第4週の労働時間が44時間と，法定労働時間を40時間超えているが，第2週と第3週の労働時間が36時間であり，4週間の総労働時間が160時間で法定労働時間内であるため，時間外労働の取り扱いをしないのである。

図15-3　4週間単位の変形型

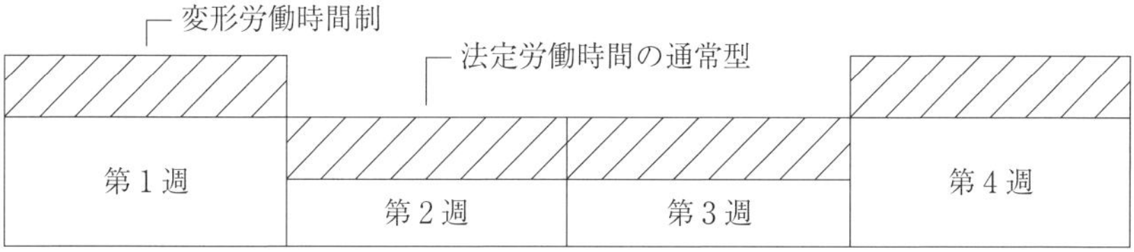

変形労働時間制は，このように一定の単位期間において，所定内労働時間の総計が法定労働時間の総枠内であればよいという弾力的な労働時間制度である。

15-4-3 休日，年次有給休暇制度

日本では，労働者に対して毎週少なくても1回の**休日**をあたえなければならないと規定している（労働基準法第35条1項）。ただし休日は，法律では特定の曜日（たとえば日曜日）に一致させることを要求していない。このため，休日は日曜日以外の曜日でもかまわない。

日本では，現実には**完全週休2日制**や何らかの週休2日制を採用している企業が多い。また，土，日を休日にする企業も多いが，サービス関連企業や工場

従業員を中心として，土，日以外の日を休日にする企業もある。

日本では，年次有給休暇規定として以下がある。

年次有給休暇（以下年休とよぶ）は，6カ月間継続勤務した場合に，10日の権利が発生し，以降の勤続2年には，勤続1年を増す毎に11日，12日と1日ずつ年休日が増加する。勤続2年6カ月を超えた後には，勤続1年ごとに14日，16日，18日と年休日数が2日ずつ増加する。勤続6年6カ月時点で，年休20日の年休日数に達する。なお，全労働日の8割以上の出勤を毎年の年休取得権の要件としている。

日本の年休日数は，以上のように法律では年20日となっているが，これは最低年休日数であるから，企業でこれを上回ってもよい。

日本企業の年休も問題点としては，労働者の年休の取得率が低いこと，年休を長期間連続（たとえば，1週間，3週間といった）する取得ができにくいことである。グローバルにみると，先進国の中で日本の有給休暇は少ない。**ILO第132号条約**（年次有給休暇に関する条約）では，「労働者は1年勤務につき3労働週の年次有給休暇の権利をもつ」と規定しているが，日本はこの第132号条約を批准していない。

15－4－4　柔軟な労働時間制度

従業員が，一定の条件で，いつ，どれだけ働くかを決定できる，柔軟な労働時間制がある。この制度には，フレックスタイムと裁量労働制などがある。

(1) フレックスタイム

従業員が，全員出勤しているべきコアタイムの時間帯以外であれば，従業員が自由に出社し，退社できる制度が**フレックスタイム制**である。

図15－4は，フレックスタイム制のケースをあらわしたものである。

労働時間は，一定の単位期間（通常は1カ月）あたりの所定内労働時間だけは働くことが条件とされる。期間単位の末に，所定内労働時間の総枠より実労働時間が多い場合，時間外手当てが支給される。フレックスタイム制は，ホワイトカラー，技術者，営業，専門職などの職種で導入されている。

第15章　グローバルな賃金・報酬，労働時間・休日

図15-4　フレックスタイム制

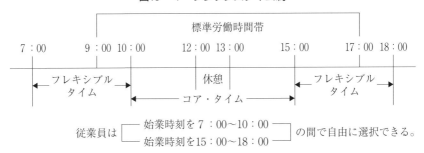

(2) 裁量労働制

　研究開発，システムエンジニア，編集，取材，デザイナーなどの専門業務に従事する労働者，および，本社などの企画，立案，調査，分析をおこなう業務に従事する労働者は，実際の労働時間数にかかわらず，一定の労働時間数だけの労働時間したものとみなす**裁量労働制**が設けられた。

　図15-5は，裁量労働制のケースをあらわしたものである。このケースでは，会社の外での労働としての事業外労働を，所定労働時間としてみなしの対象とする，裁量労働制である。

図15-5　裁量労働制

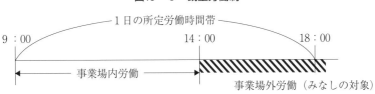

　近年，年俸制，業績給などの成果主義的制度下において，労働者の実際の労働時間を問題とせず，所定内労働時間をしたとみなす裁量労働制は増えてきている。しかし裁量労働制は，会社側の時間外手当削減の手段として使われる懸念があること，適用される従業員の労働時間が増大し，働き過ぎによる健康被害をもたらすことがあることなどの問題点があるので，これらの点は注意を要するであろう。

15－4－5　労働時間と休日の国際比較

現在，労働時間をグローバルにみると，先進諸国は**週40時間労働，週休完全2日制**が一般的である。先進諸国の一部の企業では，週40時間以下を所定内労働時間としている企業も存在する。一方，発展途上国，中進国では週40時間労働は普及せず，まだ48時間労働，週休1日制という企業もかなりある。

アジア諸国をケースとして，労働時間と休日についてみてみよう。

中国は，アジアの中で最も労働時間短縮が進んでおり，1995年から**週40時間労働制**が施行された。中国が思い切った労働時間短縮政策を実行したのは，労働時間を短縮させて雇用者を増やそうというワーク・シェアリングの考え方によるものといえよう。ただし，民間企業は，週40時間を超える企業もある。

ベトナムでは，1999年から，一部の国営企業を対象とした週40時間労働制，完全週休2日制が実施されている。ただし，民間企業の法定労働時間は，週48時間である。ベトナムの日系企業については，現状では週44〜48時間労働を所定内労働時間とする企業がまだ一般的である。

タイ，マレーシア，インドネシア，フィリピン，台湾，ミャンマーなどのアジア諸国では，法定労働時間は週48時間である。これらのアジア諸国での日系企業は，週の所定内労働時間が44〜48時間といった企業が一般的であり，完全週休2日制をとる企業はまだ少なく，週休1日制，隔週週休2日制や土曜日半日休日制をとる企業もある。

（参考文献）
佐藤博樹，藤村博之，八代充史『新しい人事労務管理』有斐閣，2005年。
菅野和夫・山川隆一『労働法』弘文堂，2024年。
丹野勲『異文化経営とオーストラリア』中央経済社，1999年。
丹野勲『アジアフロンティア地域の制度と国際経営』文眞堂，2010年。
丹野勲『日本の国際経営の歴史と将来』創成社，2021年。

第16章

グローバルな職務・人事考課・キャリア・教育訓練

Summary　仕事を遂行するにあたって，仕事，職務をどう分担するか，どのように規定するかが重要である。そこで，本章では職務（job）については，職務の割り当てと職務の文書化を中心とした職務設計についてグローバルの関点から説明する。

人事考課については，人事考課とは何か，人事考課制度の国際比較に関して考察する。キャリアについては，キャリアとは何かについて長期雇用，教育訓練，人事異動の視点から説明したのち，スペシャリスト的キャリア形成，ジェネラリスト的キャリア形成，技能形成に関して国際比較の観点から議論する。

16-1　職　　　務

16-1-1　職務の割当て

グローバルにみると**職務の割当て**については，個々の従業員に，職務（仕事）の範囲，責任，権限を明確に，厳密に割当てを規定する職務システムのタイプと，そうでないタイプとがある。

前者の職務を厳密に割当てるタイプは，職務の割当てが個人を基本とし，**職務限定的な職務設計システム**である。このタイプは，主にアングロサクソン諸国を中心とした西欧企業によくみられる職務システムであり，特定の決まった職務に人を割り当てるという考え方である。つまり，職務に最も適した人をあ

てるという発想である。ただし，近年，日本企業の一部でこの**ジョブ型**を導入する動きもある。

後者の**職務の割当てが緩やかな職務設計システム**は，職務の割当てをチームや集団を基本とし，個人の職務の割当てはあるが，個人の職務の範囲は状況により伸縮する，チームワークを中心に仕事を遂行するタイプである。このタイプは，従来の日本企業にみられる職務システムであり，人がいて職務を割当てるという考えである。つまり，特定の人材に対して最適な職務をあたえるという発想である。

16-1-2　職務の文書化

グローバルにみると**職務の文書化**については，個々の従業員の職務・仕事の内容を，厳密に文書化・マニュアル化することに重点を置くタイプと，そうでないタイプがある。

前者の職務の文書化に重点を置くタイプは，個々の職務内容，責任，資格などを**職務記述書**（job description）などで厳格に記述し，仕事のやり方などを**マニュアル**（manual）などで厳格に文書化する職務設計システムである。このタイプは，アングロサクソン諸国を中心とした西欧企業によくみられる職務システムである。ただし，近年，日本企業の一部でもこれを導入する動きもある。

後者のタイプは，個々の職務内容を必ずしも厳密に文書に記述せず，マニュアル等の文書化も，必要な場合にのみおこなう職務設計システムである。このタイプは，日本企業によくみられる職務システムである。

16-1-3　部屋のレイアウト

職務システムに関連して，国際比較の視点で興味深いのは，オフィスレイアウトである。西欧諸国の企業では，**個室主義的オフィスレイアウト**が一般的であるのに対して，日本企業では，チームマネジメントに適する**大部屋主義的オフィスレイアウト**が一般的である。図16-1は，個室主義と大部屋主義のオフィスレイアウトのケースをあらわしたものである。

第16章　グローバルな職務・人事考課・キャリア・教育訓練

図16－1　個室主義と大部屋主義のオフィスレイアウト

個室主義のレイアウト　　　　　　大部屋主義のレイアウト

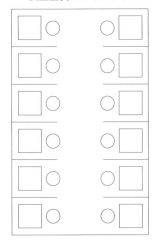
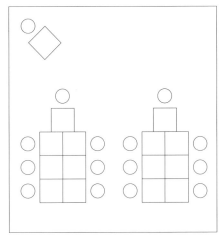

　大部屋式オフィスのメリットは，管理者，従業員同士のコミュニケーションが密になること，階層間での身分の均一性がより促進されることである。しかし大部屋式オフィスは，管理職や経営者のステイタス保持，自立的仕事の遂行，静かな思索などに関してはデメリットとなる。

16－2　人事考課

16－2－1　人事考課とは何か

　従業員の仕事，勤務についての実績，能力，成果などの評価が**人事考課**である。人事考課の内容や評価結果は，従業員の昇格，昇級，賃金，賞与，配置転換などの決定やキャリア，能力開発などにおいて，重要な役割を果たしている。

　表16－1は，日本企業の人事考課表の代表的なケースである。

　人事考課は，通常，上司によりおこなわれるケースが一般的である。しかし，最近では，上司のみではなく，同僚，部下，社内の他部署の社員，外部の取引先や顧客などの人々に評価してもらう**360度評価**を導入している企業もある。

表16－1　日本企業の人事考課表

人事評価表

昇給・昇格

事務職掌 4～5級							第1次評価者	第2次評価者	調整者

被評価者氏名		所属職位		対象期間	年　月　日　～　年　月　日
等級・号俸	等級　号俸	在社年数　年	年齢　才	過去1年間異動の有無　有・無	異動のある場合は異動年月　年　月

（該当するところに○印）

評価要素	着眼点	評価尺度 S A B C D	調整	評点	評語
1. 成績	与えられた仕事，もしくは目標とした仕事が間違いなく（正しく，ミスがなく）できあがったか。（間違い及び緻密度合）			点	
	仕事を中間管理者の立場においてコスト意識をもって処理したか。　　　　　　　　　　　　　　（コスト意識）			点	
	与えられた仕事を期待した時間内に処理したか。　　（時間）			点	
	業務の運営方針を理解し，自主的判断をもって仕事を処理したか。　　　　　　　　　　　　　　（仕事の処理状況）			点	
成績　小計				点	評語
2. 規律性	日常の服務規律に関する行動からみて規律を守ろうとしたかどうか。			点	
3. 協調性	自分の職務の守備範囲外であるが，所属部，関係者，同僚等の要請により，業務に協力し，会社の業績にプラスになる行動をしたかどうか。			点	
4. 積極性	仕事の量的拡大・質的チャレンジ，改善・提案，自己啓発をしたかどうか。			点	
5. 責任性	自分に与えられた課業（責務）について，困難な仕事でも，最後までやりとげようとしたかどうか。			点	
情意　小計				点	評語
6. 知識力	職能等級基準説明書に基づき，現在の等級，職務に必要な遂行要件に対し該当者の程度はどうであるか。			点	
7. 判断力	S…被評価者の資格等級よりも上位等級に対応する職務遂行能力に関して「優秀な遂行度」をあげ得ると判定される程度の能力水準			点	
	A…当該資格等級において，ほとんどミスや問題点がなく，期待し，要求する水準を上回る程度の能力水準			点	
8. 折衝力	B…当該資格等級において，ミスや問題点は少々あるが，期待し要求する水準をほぼ満たし，業務遂行に支障のない程度の能力水準			点	
9. 企画力	C…当該資格等級において，ミスや問題点があり，期待し要求する水準を下回り，業務遂行に支障をきたすことがある程度の能力水準			点	
10. 指導力	D…当該資格等級において，ミスや問題点が目立ち，期待し要求する水準をかなり下回り，明らかに業務遂行に支障がある程度の能力水準			点	
能力　小計				点	評語
総合点	合計			点	総合評語

1～5は別添チェックリスト参照。
評価尺度の欄：上段1次評価，下段2次評価。該当欄に○印。調整欄：S, A, B, C, Dの評価ランクを記入。

出所：平井謙一『これからの人事評価と基準』生産性出版，1998年，178ページ

16-2-2 人事考課制度の国際比較

人事考課制度を国際比較の視点でみてみると，以下の3つの違いがある。

第1は，**職務記述書**と**人事考課**という視点である。アメリカなどのアングロサクソン諸国では，人事考課は，個々の職務記述書に記載されている遂行すべき業務事項を中心としてなされるという特徴がある。すなわち，人事考課は職務記述書の業務事項が適切になされたか，期待に達しているか，などによって評価される。その意味で，アメリカなどの諸国では，**人事考課は職務記述書を基本とした成果主義**であるといえる。

一方，日本では，職務記述書があまり普及しておらず，人事考課も必ずしも職務記述書を基本とはしていない。

第2は，**ブルーカラー従業員の人事考課**である。日本企業では，ブルーカラー，ホワイトカラー従業員ともに人事考課がおこなわれているのが一般的である。しかし，アメリカ，イギリス，オーストラリアなどのアングロサクソン諸国の企業では，一般的にブルーカラーの時給・週給従業員の場合，上司による公式な人事考課がなされていないというケースがかなりある。アングロサクソン諸国の場合，長い間の労使の慣習として，賃金は職務内容や職務の難易度等の仕事ごとに決められ，労働者ごとに差をつけないという原則があるため，労働者の業績評価を労働組合が認めないという事情があるからである。

第3は，従業員に**人事考課の結果をフィードバック**するかである。アメリカなどのアングロサクソン諸国では，人事考課の従業員へのフィードバックをおこなうのが一般的である。アメリカなどでは，上司は部下に人事考課の結果を知らせ，部下の自己評価と突き合わせ，面談をおこない，改善を指示する。一方日本では，人事考課の従業員へのフィードバックが比較的少ない。

16-3 キャリア

日本企業では，変わりつつあるが，従来**長期雇用**を前提として，若者が学校

を卒業して企業に入社し，企業ないし企業グループで定年まで雇用を継続し，キャリア形成するという雇用関係が典型的であった。このような雇用関係を中核として，中途採用，経験者採用など，さまざまな雇用関係を併用していた。

この長期雇用システムにおける**キャリア形成**において，教育訓練と人事異動が重要である。**教育訓練**は，従業員のキャリアの発達に応じて企業内の教育を中核としておこなわれた。必要な場合に，企業外教育もおこなわれた。**人事異動**（ジョブローテーション）は，企業内や企業グループ内で従業員を異動させることである。人事異動には，ヨコの移動としての配置転換，出向（他社への異動）と，タテの移動としての昇進，昇格，降格などがある。また，ヨコの異動としての配置転換，出向には，同じ職種での移動と，違う職種への移動がある。しかし，近年このような日本企業の長期雇用は崩れてきている。

日本企業は，日本人従業員を海外に人事異動させることにより，グローバルな人材を育成することが今後ますます重要となる。

16−4　教育訓練

16−4−1　教育訓練の種類

グローバルにみると教育訓練には，企業が主におこなう**企業内教育**と，外部の教育訓練機関が主におこなう**企業外教育**がある。また，外国人従業員や海外子会社の現地従業員の教育訓練も重要となっている。

企業内教育には，従業員が業務を遂行しながら上司・先輩・同僚から指導を受ける**OJT**（On the Job Training），従業員が業務から離れて**Off-JT**（Off the Job Training）として教育を受ける**社内研修**，**社内訓練コース**などがある。

企業外教育には，外部の教育機関，職業訓練機関が主におこなう研修，講座，通信教育，大学・大学院課程などに従業員を参加させる教育訓練である。

第16章　グローバルな職務・人事考課・キャリア・教育訓練

16－4－2　海外での教育訓練
―― アメリカ，オーストラリア，ドイツのケース

　アメリカやオーストラリアの職業訓練においては，外部の教育訓練機関，特に政府や州による公的教育訓練機関の重要性は高い。アメリカではコミュニティー・カレッジ，オーストラリアではTAFE（Technical And Further Education）が中心である。なお，アメリカのコミュニティー・カレッジ，オーストラリアのTAFEは，州立の短大，大学レベルの職業教育を中心とした教育機関である。さらに，管理職や経営者へのキャリアをめざす人々のために，大学院レベルの**ビジネススクール**（MBA学位）が大きな役割を果たしている。

　ドイツでは，**マイスター制度**（Meister）とよばれる伝統的な職業訓練制度が存在している。ドイツの職業訓練制度は，企業内の職業訓練とともに企業外の職業訓練学校の存在が重要であり，商工会議所や手工業組合が実施する公的な資格試験を受けて，専門的技能工としての職業資格を取得するシステムが広範に存在しているという特徴がある。この職業資格をもたない労働者は，不熟練工，単純工として企業内で区別される。さらに，専門的技能工がマイスター（職長）あるいは上級専門技能工に昇格するためには，商工会議所等で実施される外部の職業訓練機関で研修を受け，工業マイスターなどの職業資格を取得する必要がある。マイスター制度では，公的な職業資格の認定制度によって資格を認定された工業マイスターが熟練工としての専門的技能労働者であるとともに，生産現場における監督スタッフともなっている。ドイツでは，マイスターとよばれる職業資格制度が企業の教育訓練の根幹となっており，生産現場においてもマイスター制度を中心とした組織となっているという特徴がある。

（参考文献）
菅野和夫『新・雇用社会と法』有斐閣，2002年。
小池和男『仕事の経済学』東洋経済新報社，2005年。
小池和男，猪木武徳『ホワイトカラーの人材形成』東洋経済新報社，2002年。
丹野勲『異文化経営とオーストラリア』中央経済社，1999年。

丹野勲『日本的労働制度の歴史と戦略』泉文堂，2012年。

第17章

グローバルな労働組合と労使関係

Summary 　本章では，グローバル経営で極めて重要である労働組合と労使関係について考察する。海外での日本企業の現地経営において，労使関係はきわめて重要である。労働組合の形態として，職種（職能）別，産業別，一般，企業別がある。日本では企業別組合が一般的であるが，アングロサクソン諸国では，職種（職能）別，産業別が多い。
　また，日本での労働組合の法的ルールについて説明する。さらに，国際比較のケースとして，イギリスとオーストラリアの職場での労働組合，アジア諸国の労使関係について議論する。

17-1　労働組合とは何か

17-1-1　労働組合の形態

　グローバルな現地経営において，労働組合と労使関係は重要である。

　労働組合（labor union）は，グローバルにみると職種（職能）別組合（craft union），産業別組合（industrial union），一般組合（general union），企業別組合（company union），に分類することができる。アメリカ，イギリス，オーストラリアといったアングロサクソン諸国においては，労働組合の形態は，職種別組合か産業別組合が一般的である。

　職種別（職能別）組合は，同一の職種や職業ごとに結成された組合形態である。職種別組合を起源とする組合がアングロサクソン諸国では多く，これは歴

史的にイギリスの影響が強いからである。現在では，純粋な型での職種別組合は少なくなり，通常の組合は，いくつかの関連した職種を含んでいる形態が一般的である。

産業別組合は，1つの産業に従事する全従業員を熟練度や職種の違いを問わず1つの組合に組織する組合形態である。産業別組合は，大量生産産業の進展と共に発達した形態である。アングロサクソン諸国では，近年職種別組合を中心とした組合の統合・再編が進んできており，産業別組合の色彩をもつ組合形態が増加してきている。日本でも，産業別組合に近い組合として，全日本海員組合，全日本港湾労働組合，全日本建設交通一般組合などがある。

一般組合は，各種の職業や産業に分散する従業員を単一の組合の中に広く包含するものである。アングロサクソン諸国では，しばしば他の組合との統合の結果として，一般組合の形態になる例がある。日本では，一定地域における一定産業の労働者，ないし一定地域における企業，産業に関わりない労働者の組合組織として，地域一般労組，管理職組合，専門職・特定職組合などがある。

企業別組合は，特定の企業や事業所を組織単位として構成される組合形態である。アングロサクソン諸国では，伝統的に典型的なタイプではないため，まだ稀な形態である。ただし，一部では企業別形態をもつ組合も存在する。

一方，日本では，企業別組合は一般的な組合形態である。日本での企業別組合の多くは，上部団体として産業別の連合体（たとえば自動車総連，電機連合，などがある）を組織し，それらの連合体を通して全国的中央組織に加入している。全国的中央組織として最大なのは，**日本労働組合総連合会（連合）**がある。

17-1-2 ショップ制

従業員資格と労働組合員資格の関係を定める制度が，**ショップ制**であり，グローバルにみると以下の3つが主要な制度である。

第1は，従業員として採用された者には労働協約などで組合への加入を義務づけ，組合員でなくなった者を原則として解雇するという，**ユニオン・ショップ**（union shop）である。日本の企業別労働組合の多くは，このユニオン・

ショップをとっている。

第2は，使用者は当該労働組合員のみ雇用することができ，組合員でなくなった者は解雇するという，**クローズド・ショップ**（closed shop）である。

第3は，従業員の労働組合への加入は自由とするのが**オープン・ショップ**（open shop）である。日本でも一部の組合（日教組，国労など）に，この型がある。

17-2 日本の労働組合と労使関係

17-2-1 日本の労働組合の特徴

日本の**労働組合の組織率**（労働組合に加入している労働者の割合）は，約20％弱で，組織率は近年低下傾向にある。グローバルにみても同様の傾向にある。その要因は，非正規や女性労働者の増加などのためである。

日本の労働組合は，**企業別組合**が多いという特徴がある。日本の企業別労働組合は，団体交渉によって有利な労働条件を獲得するという労使対抗団体としてのみならず，企業の繁栄や従業員の福利を向上させるという労使協力団体，従業員代表機関としての性格をもっている。そのため，日本の企業別労働組合は，敵対的な労働組合は少なく，労使協調の労働組合が多いのである。

日本の労働組合の主要な機能として以下がある。

第1は，**春闘**に代表されるような，賃金・一時金，労働条件などの交渉である。

第2は，従業員の苦情，意見，不満などを吸収し，経営者側と話し合い，それらを解決することである。

第3は，組合員の雇用を守ることである。従業員の解雇，**レイオフ**（layoff：一時帰休，一時解雇），希望退職，人員整理などの際，会社と交渉し，従業員の雇用の安定に寄与することである。

第4は，従業員代表機関として，経営側とあらゆる問題について話し合う場である。

第5は、従業員としての組合員の親睦団体としての機能である。

17-2-2 日本の労使関係の法的ルール

日本国憲法第28条では、「勤労者の団結する権利及び団体交渉その他の団体行動をする権利は、これを保障する」として、労働者の**団結権**、**団体交渉権**、**争議権**という**労働三権**を保障している。

労働者の労働三権を具体的に規定している法律は**労働組合法**である。労働組合法は、労使対等の根本目的のために、労働組合を組織し団結すること、**労働協約**を締結するために団体交渉することなどを目的としている。そして同法では、正当な争議行為については、刑事免責、および民事免責を規定し、組合活動を保護している。

グローバルにみると、**団体交渉**の代表的形態は以下の2つである。

第1は、**産業別交渉**である。産業別労働組合が、産業別の使用者団体との間で話し合う団体交渉である。アングロサクソン諸国などの西欧諸国では伝統的にみられる形態であるが、日本ではわずかにみられる形態である。

第2は、**企業別交渉**である。企業（または工場ないし事業場）の従業員を組織している労働組合が、使用者との間で話し合う団体交渉である。日本では企業別組合が支配的であるため、この交渉形態が一般的である。

団体交渉以外の交渉方式として**労使協議制**があり、かなりの日本企業でそれが置かれている。労使協議制は、労働条件、苦情、経営・生産事項などを話し合う労使のコミュニケーションの場である。

労働組合の争議権の具体的行動として、**ストライキ**（strike）、**サボタージュ**（sabotage：怠業）、**職場占拠**などがある。

労働争議に関する法律が、**労働関係調整法**である。労使紛争には、労働組合ないし労働者集団と使用者の間などで生じた**集団的労使紛争**と、個々の労働者と使用者の間で生じた**個別労働紛争**がある。

労働関係調整法では、集団的労使紛争の調整手続きとして、斡旋、調停、仲裁を規定した。表17-1は、斡旋、調停、仲裁を説明したものである。

表17−1 斡旋，調停，仲裁

	斡旋	調停	仲裁
機関	斡旋員	調停委員会（使用者，労働者，公益の委員）	仲裁委員会（公益委員のみ3名）
解決案	斡旋案 提示しなくてもよい （拘束力なし）	調停委員会（拘束力なし）	仲裁裁定（拘束力あり）
開始	一方の申請で開始可能 職権でも開始可 会長が斡旋員を指名して開始	双方の申請が原則（公益事業は職権請求あり） 総会の決定を要す	双方の申請 総会の決定を要す

出所：菅野和夫『新・雇用社会の法』有斐閣，2002年，377ページ，一部修正

斡旋は，労使の双方または一方の申請を受けて，労働委員会の会長が指名する斡旋員が関係当事者間をとりもって，双方の主張を聞き，解決されるようにつとめる手続きである。なお，斡旋案は拘束力をもたない。

調停は，労働委員会に設けられる調停委員会が，関係当事者から意見を聞いて調停案を作成し，その受け入れを両当事者に勧告するという手続きである。なお，調停案は，拘束力をもたない。

仲裁は，労働委員会に設けられる仲裁委員会が，両当事者に対し拘束力のある仲裁裁定を下す手続きである。

以上に説明した集団的労使紛争は，労使関係の安定や組織率の低下を背景に，近年，件数が大幅に減少している。これに対して**個別労働紛争**は，リストラ，解雇，労働条件，雇用差別，セクシャル・ハラスメント，契約労働，パートタイム労働などに関連して，近年大幅な増加と多様化傾向がみられる。

17−3 欧米の労働組合と労使関係
──アングロサクソン諸国を中心として

17−3−1 アングロサクソン諸国の労働組合

アングロサクソン諸国の組合は，**職種別組合**や**産業別組合**が多く，1つの企

業に2つ以上の組合が存在している場合がある。このように，アングロサクソン諸国，特にイギリス，オーストラリアでは，1つの企業に2つ以上の組合が存在するケースがあるので，企業内で，各組合は排他的な職務上の管轄範囲をもつことになる。このことは，企業内で組合間の職務境界をめぐるトラブルが生じやすくなる。すなわち，縄張り（demarcation dispute）の問題である。

縄張り紛争は，以下のように2つの類型に分類することができる。

第1は，**水平的縄張り紛争**（lateral demarcation）である。これは，1つの仕事をめぐって組合間ないし職種間で生じる紛争である。たとえば，同じ組合のメンバー同士の間，異なる組合の熟練労働者の間，異なる組合の熟練労働者と非熟練労働者の間，異なる組合間の非熟練労働者の間などで起きる紛争である。さらに，非組合員の下請労働者や他の労働者を利用して，労働組合員の仕事をさせる場合にも縄張り紛争が生じる。アングロサクソン諸国，労働者は自己の限定された職種のみの仕事をし，ほかの仕事はしたがらない傾向が強いため，この縄張り紛争が生じやすい。

第2は，**垂直的縄張り紛争**（vertical demarcation）である。これは，1つの仕事をめぐる組織の階層間で生ずる紛争である。たとえば，本来は一般の熟練労働者がやるべき仕事を監督者や見習工がやってしまうことによって生じる紛争である。

17－3－2　職場レベルの労働組合
―― イギリスとオーストラリアのケース

イギリスやオーストラリアでは，企業・工場内において職場を拠点に，労働者によって選出された代表者として**職場委員**（shop steward）や**職場委員会**（Shop committees），**工場委員会**（works' council）が存在する形が多い。

イギリスでは，組合とは独立に，工場の労働者が自主的に職場委員を選出し，工場・職場レベルでの団体交渉や苦情処理，争議指導にあたる場合が多い。ただし，職場委員が組合の下部機関として位置づけられるケースもある。イギリスでは企業別組合ではなく，地域や全国レベルでの職種別組合や産業別組合が

一般的であるため，企業や工場レベルの問題に関する統一的交渉の組織が必要とされ，この職場委員や職場委員会が，労働組合とは独立の機能を果たすようになった。

オーストラリアにおいても，イギリスと同様に職場委員や職場委員会が存在するケースがある。

17−4　アジア諸国の労使関係

アジア諸国の労使関係，特に日系企業での特徴についてみてみよう。

社会主義国の**中国，ベトナム**においては，日系企業の労働組合組織率は，他のアジア諸国と比較して高い傾向がある。これは，中国やベトナムは，政治的・法律的な理由から，労働組合設立が必要とされる場合が多いためである。特に，工業団地や輸出加工区に位置する中国やベトナムの日系企業の多くは，労働組合が存在している。企業別の労働組合の上部団体が，工業団地や輸出加工区レベルで存在するという形態が一般的である。

だが，タイなどの他の東南アジア諸国の日系企業においては，労働組合が存在しないケースも多く，組織率はそれほど高くない。

中国や東南アジアの日系企業の労働組合形態は，ほとんどが企業別組合のようである。アングロサクソン諸国で一般的な労働組合形態である職種別や産業別の労働組合は少数で，企業レベルでの組合の組織化が一般的となっている。その意味から，アングロサクソン諸国での一企業内の多数の労働組合の存在による労使関係のような困難さはない。

中国やベトナムといった社会主義諸国での労使関係の問題の1つに，共産党と労働組合との関係がある。これらの国では，労働組合の幹部が共産党員であるという場合もあり，労働組合が政治的運動のために利用される場合，労使関係に困難が生ずる場合がある。また，東南アジアの一部の国でも，労働組合活動が政治的色彩を帯びているケースもあり，労使関係に障害となる。たとえば，ミャンマーでは民主化運動への警戒から，政府は労働組合活動を全面的に禁止

しており，ほとんどの日系企業でも労働組合が存在していないのが現状である。

アジア諸国の日本企業の現地経営において，労働組合と労使関係は，国によって異なる点もあるが，良好な労使関係は，アジアを含むグローバル経営において，重要な基盤であろう。

（参考文献）
菅野和夫『新・雇用社会の法』有斐閣，2002年。
西谷敏『人権としてのディーセント・ワーク』旬報社，2011年。
西谷敏『労働法〔第3版〕』日本評論社，2020年。
丹野勲『異文化経営とオーストラリア』中央経済社，1999年。
丹野勲『アジアフロンティア地域の制度と国際経営』文眞堂，2010年。
丹野勲『日本的労働制度の歴史と戦略』泉文堂，2012年。
丹野勲『日本企業の東南アジア進出のルーツと戦略』同文舘出版，2017年。
丹野勲『日本の国際経営の歴史と将来』創成社，2021年。

索　引

(A～Z)

AFTA（アセアン自由貿易地域）…… 8, 84
AI ……………………………………… 10
ASEAN（東南アジア諸国連合）……… 8, 84
BOP（Base Of the economic Pyramid）
　…………………………………… 53, 117
BOPマーケティング …………………… 117
BPO（Business Process Outsourcing）
　……………………………………… 104
CI（Corporate Identity：コーポレート・アイデンティティー）戦略 …… 66
EC（電子商取引）……………………… 115
EU（欧州連合）………………………… 8
FTA（自由貿易協定）…………………… 8
ILO第１号条約（工業的企業における労働時間を１日８時間かつ１週48時間に制限する条約）……………… 198
ILO第132号条約（年次有給休暇に関する条約）…………………………… 200
ILO第47号条約（労働時間を１週40時間に短縮することに関する条約）…… 198
ISO（国際標準化機構：International Organization for Standardization）…… 2
IT ……………………………………… 10
job classificaiton ……………………… 193
job grades ……………………………… 193
LLC（Limited Liability Company）…… 17
M&A（Merger & Acquisition）…… 69, 87
NAFTA（北米自由貿易協定）………… 8
NPO法人 ……………………………… 23

OEM（Original Equipment Manufacturing）……………………… 99
Off-JT（Off the Job Training）………… 208
OJT（On the Job Training）…………… 208
POS（Point Of Sale：購買時点情報管理）……………………………… 115
R&D（研究・開発）型の直接投資 …… 86
salary …………………………………… 191
SDGs …………………………………… 2
TOB（Take-Over Bid）………………… 89
TSMC …………………………………… 100
wage …………………………………… 191

(あ)

愛社精神 ………………………………… 167
アウトバウンドM&A ………………… 87
アダム的本性 …………………………… 162
斡旋 ……………………………………… 215
アブラハム的本性 ……………………… 162
アライアンス …………………………… 94
アングロサクソンモデル …………… 28, 34
アンゾフ（Ansoff, H. I.）……………… 51
安定株主 ………………………………… 93

(い)

委員会設置会社 ………………………… 34
委員会等設置会社 ……………………… 30
威光価格法 ……………………………… 109
委託加工（貿易）……………………… 101
１株１議決権の原則 …………………… 40
一部議決権制限株式 …………………… 40
一体化理論（identification theory）…… 164

219

一般組合 …………………… 212
イノベーション（innovation）……… 154
インターナショナル企業 …………… 144
インバウンドM&A ………………… 87

（う）

内国債 ……………………………… 47
運動 ………………………………… 66

（え）

衛生要因 …………………………… 162
営利 ………………………………… 13
円高 ………………………………… 5
円安 ………………………………… 5

（お）

オープン・ショップ（open shop）…… 213
大部屋主義的オフィスレイアウト …… 204
オプション製品価格戦略 …………… 111
親会社 ……………………………… 18
オランダ東インド会社 ……………… 16
卸売業者 …………………………… 115

（か）

海外直接投資（foreign direct investment）……………………… 80
海外直接投資の性格・目的 ………… 83
海外投資 ……………………… 2,79,80
海外取引 …………………………… 1
海外派遣 …………………………… 178
解雇 ………………………………… 213
外国会社 …………………………… 19
外国為替 …………………………… 5
外国債 ……………………………… 47

解雇権濫用法理 …………………… 181
会社 …………………………… 12,13
会社都合退職 ……………………… 197
会社分割 …………………………… 128
会社分割制度 ……………………… 129
下位集団への一体化 ……………… 164
階層 ………………………………… 119
階層化（hierarchy）………………… 120
価格政策（price）……………… 52,105
価格設定 …………………………… 108
科学的管理 ………………………… 121
華僑・華人資本家 ………………… 157
課業への一体化 …………………… 164
確定給付型年金 …………………… 197
額面株式 …………………………… 39
過去志向的文化 …………………… 155
合併 …………………………… 87,88
カフェテリアプラン ………………… 195
株式（stock）…………………… 16,39
株式会社 …………………………… 16
株式譲渡による買収 ……………… 89
株式所有の分散による大株主の消滅 … 35
株式の公開買付け（Take Over Bid：TOB）……………………… 46,89
株式の相互持ち合い ……………… 31,156
株式の売買単位の引き下げ ……… 93
株式分割 …………………………… 93
株主 ………………………………… 36
株主主権論 ………………………… 36
株主総会 ………………… 25,30,31,32
株主代表訴訟権 …………………… 40
株主の権利 ………………………… 39
株主配当 …………………………… 93
株主優遇策 ………………………… 93

索　引

株主割当てによる増資	41	企業別組合	212,213
カリスマ的リーダー	65	企業別交渉	214
川上方向	73	議決権	32,40
川下方向	73	議決権制限株式	40
官公庁企業	22	儀式	66
監査委員会	27,30,34	技術関連型M&A	92
監査役	34	技術関連多角化	70
監査役会（Aufsichtsrat）	25,28,30,34	期待（expectancy）	166
慣習価格法	109	期待理論（expectancy theory）	165
間接金融	48	希望退職	181,213
間接投資（portfolio investment）	2,80	規模の経済性	110,126
間接輸出	3	基本給	188
完全親会社	19	基本経営戦略	51
完全子会社	19	キャプティブ価格戦略	111
完全週休2日制	199	キャリア形成	180,208
完全所有	141	休日	199
完全所有子会社	81,95	休日労働	198
完全無議決権株式	40	吸収合併	88
カンバン方式（ジャスト・イン・タイム）	76	教育訓練	208
関連会社	76	業界規格・規格標準（de facto standard）	2

（き）

		業界標準・規格標準化（デファクトスタンダード）	97,100
機関投資家	28	業績評価	195
企業	11	競争価格法	109
企業外教育	208	共同企業	11,13
企業型年金	198	共同技術・製品開発	98
起業者段階	131	協同組合	20
企業統治	25,36	共同決定法	29
企業内教育	208	共同体段階	131
企業年金	197	業務的意思決定（operational decision）	142
企業の買収	2		
企業買収	42	供与企業：ライセンサー	96
企業文化	64	近代	10

221

金のなる木（cash cow）············· 55, 56

（く）

グループシフト（group-shift）·········· 150
グループシンク（group-sink）·········· 149
グレシャムの法則 ······················ 154
クローズド・ショップ（closed shop）
　··································· 213
グローバル・スタンダード
　（世界標準）·························· 2
グローバル・スタンダード化············· 7
グローバル・マトリックス組織········ 140
グローバル企業························ 143
グローバル職能別事業部··············· 139
グローバル製品別事業部··············· 136
グローバル組織構造（global
　structure）························· 136
グローバル地域別事業部··············· 137

（け）

経営（執行）委員会（executive
　committee）························· 26
経営参加··························· 28, 29
経営資源······························· 61
経営者支配····························· 35
経営多角化戦略（diversification
　strategy）··························· 69
経営理念······························· 64
経験曲線（experience curve）······ 56, 57
経験者採用···························· 175
契約······························ 19, 96
契約生産（contract manufacturing）··· 98
契約生産委託元企業····················· 99
契約生産企業··························· 99

契約による戦略提携····················· 96
系列会社······························· 76
月給制···························· 187, 191
決済通貨······························· 5
原価志向価格設定······················ 108
原材料コスト削減型····················· 84
現地化································ 141
現地市場型直接投資····················· 83

（こ）

コア・コンピタンス（core
　competence）························ 60
公益法人······························· 23
公企業······························ 11, 21
合計特殊出生率························ 173
広告································ 53, 111
広告・販売促進政策（promotion）····· 105
広告・販売促進戦略···················· 111
広告媒体······························ 112
合資会社······························· 15
公式化段階···························· 131
公私混合企業··························· 23
工場委員会（works' council）·········· 216
厚生年金基金·························· 197
工程別部門化·························· 123
合同会社······························· 17
行動科学的アプローチ·················· 159
公平理論（equity theory）············· 166
合弁·································· 142
合弁会社······························· 81
合弁企業（Joint Venture）········· 81, 95
公募による増資························· 42
合名会社······························· 14
高齢化································ 174

高齢化率 …………………………… 174
高齢者雇用安定法 ………………… 183
コーポレートガバナンス（corporate governance）………………… 25,36
ゴールデン・パラシュート …………… 94
子会社（従属会社）………………… 19
顧客デマンド（customer demand）…… 62
顧客別事業部組織 ………………… 126
顧客別部門化 ……………………… 123
国営企業 …………………………… 22
国際移転価格（transfer pricing）…… 4
国際会計基準 ……………………… 2
国際経営環境 ……………………… 8
国際事業部組織 …………………… 134
国際地域 …………………………… 8
国際比較経営 …………………… 7,10
個室主義的オフィスレイアウト …… 204
個人型年金 ………………………… 198
個人企業 ………………………… 11,13
個人による意思決定 ……………… 148
コストのリーダーシップ …………… 58
コストプラス ……………………… 108
個別ブランド戦略 ………………… 106
個別労働紛争 ………………… 214,215
コムメンダ ………………………… 15
コモディティ化 ………………… 52,110
雇用における年齢差別法 ………… 185
コングロマリット型M&A ………… 92
コングロマリット的（conglomerate）多角化 ……………………… 71
コンソーシアム（consortium）…… 103

（さ）

サービススタッフ ………………… 122
最高経営責任者（CEO：Chief Executive Officer）………… 26,27
最高財務責任者（CFO：Chief Financial Officer）……………… 27
最高執行責任者（COO：Chief Operation Officer）……………… 27
財団 ………………………………… 13
最適基準による意思決定 ………… 150
債務不履行（デフォルト）………… 47
サイモン（Simon, H. A.）………… 150
採用 ………………………………… 180
採用の自由 ………………………… 176
裁量労働制 ………………………… 201
三六協定 …………………………… 198
差別化 ……………………………… 75
差別価格法 ………………………… 108
差別化戦略 ………………………… 60
サボタージュ（sabotage：怠業）…… 214
産業 ………………………………… 10
産業別組合 …………………… 212,215
産業別交渉 ………………………… 214
サンクコスト ……………………… 3
360度評価 ………………………… 205

（し）

私（民間）企業 …………………… 11
ジェネラリスト的キャリア形成 …… 181
ジェネラリスト的採用制度 ………… 180
時価発行 …………………………… 42
時間外手当 ………………………… 198
事業譲渡による買収 ……………… 90
事業特殊会社 ……………………… 128
事業の選択と集中 ………………… 61

事業部制組織（divisionalized organization）……… 125	社内（内部）取締役 ……………… 26
事業本部制 ……………………… 127	社内カンパニー制 ……………… 127
資源開発型直接投資 ……………… 85	社内訓練 ………………………… 208
資源の希少性（resources rarity）…… 63	社内研修 ………………………… 208
資源ベースの理論 ………………… 61	社内人材公募制 ………………… 178
自己株式の取得 …………………… 43	社内取締役 ……………………… 30
自己資本 ………………………… 48	週40時間労働 …………………… 202
自己資本比率 …………………… 48	秋季採用 ………………………… 175
自己申告制度 …………………… 178	週給 ……………………………… 191
自己都合退職 …………………… 197	週休完全2日制 ………………… 202
仕事給 …………………………… 193	従業員主権論 …………………… 37
自社株買い ……………………… 93	就業規則 ………………………… 198
市場開発戦略 …………………… 53	集権化（centralization）………… 124
市場関連型M&A ………………… 92	集団的労使紛争 ………………… 214
市場浸透価格戦略 ……………… 110	集団による意思決定 …………… 148
市場浸透戦略 …………………… 52	集中戦略 ………………………… 60
自然人 …………………………… 14	受託製造企業 …………………… 100
下請会社 ………………………… 76	出向 ……………………………… 177
執行役 ………………………… 30,34	出生率 …………………………… 173
執行役員制度 …………………… 33	需要志向価格設定 ……………… 108
執行役会（Vorstand）…………… 28	需要の価格弾力性 …………… 52,110
実勢価格法 ……………………… 109	純粋持株会社 …………………… 128
シナジー効果 ………………… 72,82	春闘 ……………………………… 213
渋沢栄一 ………………………… 13	準内部組織 ……………………… 76
資本の論理 ……………………… 36	証券市場 ………………………… 16
指名（人事）委員会 ……………… 27	証券取引所 ………………… 17,43,45
指名委員会 …………………… 30,34	少子化 …………………………… 174
社員 …………………………… 14,36	少子高齢化 ……………………… 174
社外（外部）取締役 ……………… 26	商社 ……………………………… 6
社外取締役 ……………… 27,30,33,34	上場企業 ……………………… 17,43
社債（Corporate Bond）………… 46	昇進 ……………………………… 178
社団 ……………………………… 13	上層吸収価格戦略（skimming price strategy）……………………… 110
社団法人 ………………………… 13	商標（trademark）…………… 96,106

索　引

賞与（一時金） ……………………… 187
職種・ジョブ型採用 ………………… 176
職種別（職能別）組合 ……………… 211
職種別組合 …………………………… 215
職能（function） …………………… 122
職能給 ………………………………… 190
職能資格給 …………………………… 190
職能資格制度 ………………………… 179
職能式職長制（functional
　　foremanship） ………………… 121
職能別部門化 ………………………… 122
職場委員（shop steward） ………… 216
職場委員会（Shop committees） …… 216
職場占拠 ……………………………… 214
職務（job） ………………………… 193
職務記述書（job description） …… 204, 207
職務給 …………………………… 189, 193
職務限定的な職務設計システム …… 203
職務充実（job enrichment） ……… 164
職務等級 ……………………………… 193
職務等級給 …………………………… 189
職務の垂直的負荷 …………………… 164
職務の文書化 ………………………… 204
職務の割当て ………………………… 203
職務の割当てが緩やかな
　　職務設計システム ……………… 204
職務評価（job evaluation） ……… 193
ショップ制 …………………………… 212
諸手当 ………………………………… 188
所定外（基準外）賃金 ……………… 188
所定内（基準内）賃金 ……………… 188
初任配属 ……………………………… 176
ジョブ型 ……………………………… 204
ジョブ型雇用 ………………………… 180

所有と経営の分離 ………………… 26, 36
新株 …………………………………… 42
新株引き受けによる買収 …………… 89
新株予約権 …………………………… 42
新株予約権付社債 …………………… 47
人事異動（ジョブローテーション）
　　………………………………… 176, 208
人事異動の役割，機能 ……………… 177
人事考課 …………………… 195, 205, 207
新設合併 ……………………………… 88
新卒採用 ……………………………… 175
シンボル ……………………………… 65

（す）

垂直型M&A ………………………… 92
垂直的統合（vertical integration） …… 73
垂直的縄張り紛争（vertical
　　demarcation） ………………… 216
垂直的分業 …………………………… 120
水平型M&A ………………………… 91
水平的多角化 ………………………… 70
水平的縄張り紛争（lateral
　　demarcation） ………………… 216
水平的分業 …………………………… 120
スタッフ ……………………………… 122
ストック・オプション（stock option） … 42
ストップフォード（Stopford, J. M.）と
　　ウェルズ（Wells, L. T.） ……… 141
ストライキ（strike） ……………… 214
スペシャリスト的キャリア形成 …… 181
スペシャリスト的採用制度 ………… 180

（せ）

成果主義 …………………………… 167, 207

225

生産年齢人口割合 ……………… 174	組織のライフサイクル ……………… 130
成熟期段階 ……………………… 132	組織への一体化 ……………………… 164
製品開発戦略 ……………………… 54	租税回避（タックス・ヘブン）…… 5

（た）

製品政策（product）…………… 105	第一国立銀行 …………………………… 16
製品のライフサイクル …………… 71	大会社 …………………………………… 18
製品分業型直接投資 ……………… 84	対外直接投資 …………………………… 80
製品別事業部組織 ………………… 125	第三者割当 ……………………………… 94
製品別部門化 ……………………… 122	第三者割当てによる増資 …………… 41
製品ライン価格戦略 ……………… 111	第三セクター …………………………… 23
セグメント ………………………… 115	退職金 ……………………………… 187, 196
説得的広告 ………………………… 113	退職年金制度 …………………………… 197
ゼネラルスタッフ ………………… 122	対内直接投資 …………………………… 80
選択定年制 ………………………… 184	代表執行役 ……………………………… 34
先任権（seniority）……………… 182	代表取締役 ……………………………… 33
先任権による解雇のルール ……… 182	第4次産業革命 ………………………… 10
専門経営 …………………………… 35	多角化戦略 ……………………………… 54
専門商社 …………………………… 6	多国籍企業（multinational enterprises）
専門職・専任職昇進 ……………… 178	…………………………………………… 79
専門スタッフ ……………………… 122	タックスヘブン（税金回避）型 …… 84
占有可能性（appropriability）… 63	他人資本 ………………………………… 48
戦略提携（strategic alliances）… 2, 94	団結権 …………………………………… 214
戦略的意思決定（strategic decision）… 142	男女雇用機会均等法 ……………… 176, 183
	男女の差別を禁止 ……………………… 176

（そ）

	団体交渉 ………………………………… 214
争議権 ……………………………… 214	団体交渉権 ……………………………… 214
早期退職優遇制 …………………… 184	ダンピング ……………………………… 5
想起的広告（リマインダー広告）… 114	担保付社債 ……………………………… 47

（ち）

総合商社 …………………………… 6	
増資 ………………………………… 41	
属人給 ……………………………… 189	地域別事業部組織 ……………………… 125
組織外への一体化 ………………… 164	地域別部門化 …………………………… 122
組織構造（organization structure）… 119	地域本社制 ……………………………… 139
組織の能力（ケイパビリティ）	
（organizational capabilities）… 61	

知覚価値法 …………………………… 108
逐次的な意思決定 …………………… 152
地方公営企業 …………………………… 23
仲裁 …………………………………… 215
中小企業 ………………………………… 18
中途採用 ……………………………… 175
懲戒解雇 ……………………………… 197
長期雇用 ………………………… 182, 207
長期取引関係 ………………………… 95
調整年金制度 ………………………… 197
調停 …………………………………… 215
直接金融 ……………………………… 48
直接投資 ……………………………… 2, 80
直接輸出 ……………………………… 3, 4
著作権（copyright） ………………… 96
賃金 …………………………………… 187
賃金額の範囲での賃金（wage range）
　……………………………………… 194

（つ）

通年採用 ……………………………… 175

（て）

定期一括採用 ………………………… 175
定年制 ………………………………… 183
テイラー（Taylor, E. W.） ………… 121
適格退職年金制度 …………………… 197
出来高給 ……………………………… 189
敵対的買収 …………………………… 93
テクノクラート ……………………… 35
撤退 …………………………………… 82
撤退障壁 ……………………………… 75
転勤 …………………………………… 177
転籍 …………………………………… 177

（と）

ドイツモデル ………………………… 29
同一職種での配置換え ……………… 177
動機づけ―衛生理論 ………………… 162
動機づけ要因（motivation factor） … 162
統合の経済性 ………………………… 74
投資事業有限責任組合 ……………… 20
統制戦略（control strategy） … 141, 142
統制の範囲（span of control） …… 120
特殊法人 ……………………………… 23
独占禁止法 …………………………… 72
特定非営利活動法人 ………………… 23
匿名組合 ……………………………… 20
特例有限会社 ………………………… 16
特許（patent） ……………………… 96
トップマネジメント（top management）
　……………………………………… 25
ドメイン（domain） ………………… 65
トランスナショナル企業 …………… 144
取締役 ……………………………… 31, 33
取締役会 ………………………… 25, 27, 29, 33

（な）

内国会社 ……………………………… 19
内定取消し …………………………… 176
内部昇進取締役 …………………… 26, 33
縄張り（demarcation dispute） …… 216

（に）

日給 …………………………………… 191
日本労働組合総連合会（連合） …… 212
2要因理論 …………………………… 162
人間資源アプローチ ………………… 159

（ね）

年功 …………………………………… 192
年次有給休暇 ………………………… 200
年俸制 …………………………… 187, 191
年齢給 ………………………………… 189
年齢による差別 ……………………… 185

（の）

ノウハウ（know-how） ……………… 96
暖簾分け ……………………………… 196

（は）

バートレットとゴシャール
　（Bartlet, C. A. & Ghosha, S.） …… 143
パーパス ……………………………… 64
買収 ……………………………… 44, 87, 89
買収の防衛策 ………………………… 93
配置換え ……………………………… 177
配置転換 ……………………………… 176
配当権 ………………………………… 40
端数価格法 …………………………… 109
花形（star） ………………………… 55, 56
パワー（power） ……………… 169, 171
パワーの源泉 ………………………… 170
販売・マーケティング契約 ………… 103
販売拠点型直接投資 ………………… 85
販売促進 ……………………………… 112
販売促進政策 ………………………… 53
販売促進戦略 ………………………… 114

（ひ）

非営利組織 …………………………… 20
非公開企業（閉鎖会社） …………… 17
ビジネススクール（MBA学位） …… 209
非正規社員 …………………………… 175
非典型雇用社員 ……………………… 175
ピラミッド型組織構造 ……………… 119

（ふ）

ファミリーブランド戦略 …………… 107
ファンクショナル型組織 …………… 121
付加給付（fringe benefits） ……… 195
複数ファミリーブランド …………… 107
普通株式 ……………………………… 41
普通社債 ……………………………… 47
部品・工程分業型直接投資 ………… 84
部品コスト削減型 …………………… 84
部門 …………………………………… 119
部門化（departmentation） ………… 120
部門化の基準 ………………………… 122
プライベート・ブランド（private
　brand） …………………………… 115
フラットな組織 ……………………… 120
フランチャイザー（franchiser） … 102
フランチャイジー（franchisee） … 102
フランチャイジング（franchising） … 102
ブランド（brand） ………………… 106
フリーター …………………………… 175
ブルーカラー ……………… 190, 191, 193, 207
ブルーカラーとホワイトカラーの格差
　………………………………………… 192
フレックスタイム制 ………………… 200
プログラム化された意思決定
　（programmed decision） ………… 153
プログラム化されない意思決定
　（non-programmed decision） …… 153
プロジェクト別部門化 ……………… 123

プロダクト・ポートフォリオ・マネジメント（PPM：Product Portfolio Management） ……… 55	マーチ（March, J. G.） ……………… 150
プロフィット・センター ……………… 125	マイスター制度（Meister） ………… 209
分割型の会社分割 ……………………… 129	負け犬（dog） ……………………… 56, 57
分業の原理 ……………………………… 120	マズロー（Maslow, A. H.） ………… 160
分権化（decentralization） ………… 124	マトリックス組織（matrix organization） ………………………… 123
分社型の会社分割 ……………………… 129	マニュアル（manual） ……………… 204
	マルチナショナル企業 ……………… 143
（へ）	満足基準による意思決定 …………… 151
変形労働時間制度 ……………………… 199	
ベンチャー企業 ………………………… 18	**（み）**
	身分の格差 ……………………………… 193
（ほ）	身分の均一性 ……………………… 190, 192
ポイズンピル …………………………… 93	未来志向的文化 ………………………… 155
貿易 ……………………………………… 1, 3	民営化 ……………………………… 21, 26
貿易摩擦回避 …………………………… 83	民法上の組合 …………………………… 19
報酬委員会 ………………………… 27, 30, 34	
法人 ……………………………………… 13	**（む）**
報知的広告（情報提供型広告） ……… 113	無額面株式 ……………………………… 39
法定労働時間 …………………………… 198	無機能株主 ……………………………… 35
ポーター（Porter, M. E.） …………… 58	無形資産（intangible asset） ………… 61
ボーナス（賞与） ……………………… 195	無限責任 …………………………… 13, 14
他職種への配置換え …………………… 177	無担保付社債 …………………………… 47
保険 ……………………………………… 155	
ポジショニング ………………………… 115	**（め）**
ホワイトカラー …………………… 190, 191, 193	メインバンク ……………………… 29, 31, 48
ホワイトナイト（白馬の騎士） ……… 94	
	（も）
（ま）	モジュール化 ……………………… 75, 110
マーケティング（marketing） ……… 105	持株会社 ………………………………… 128
マーケティング・ミックス（marketing mix） ……………………… 105	持分会社 ………………………………… 13
	モチベーション ………………………… 177
マーケティング関連多角化 …………… 70	モラルハザード（moral hazard） …… 155
	問題児（problem child） ………… 56, 57

（や）

役職定年制 …………………………… 184
役職任期制 …………………………… 184

（ゆ）

誘意性（valence）…………………… 166
有形資産（tangible asset）…………… 61
有限会社 ……………………………… 16
有限責任 …………………………… 15, 16
有限責任事業組合（LLP：
　Limited Liability Partnership）…… 20
友好的買収 …………………………… 93
優先株式 ……………………………… 41
ユーロ ………………………………… 5
輸出 …………………………………… 3
輸出型直接投資 ……………………… 84
輸出事業部 …………………………… 134
輸出部（export department）……… 133
ユニオン・ショップ（union shop）… 212
輸入 …………………………………… 3
輸入代替型直接投資 ………………… 83

（よ）

欲求階層理論 ………………………… 160
4P …………………………………… 105
401kプラン ………………………… 197

（ら）

ライセンシー ………………………… 96
ライセンシング（licensing）………… 96
ライツプラン ………………………… 93
ライン型組織 ………………………… 121

ライン役職昇進 ……………………… 178

（り）

リーダーシップ ……………………… 168
リーダーシップの行動理論 ………… 169
リーダーシップの条件適合理論 …… 169
リーダーシップの特性理論 ………… 168
利益単位 ……………………………… 125
リスク（risk）………………………… 154
リスク愛好的（risk loving）………… 154
リスク回避的（risk averse）………… 154
リスク中立的（risk neutral）………… 155
リストラ ……………………………… 167
流通経路 ……………………………… 114
流通政策（place）…………………… 105

（れ）

レイオフ（layoff）…………………… 213
劣後株式 ……………………………… 41

（ろ）

労使協議制 …………………………… 214
労働関係調整法 ……………………… 214
労働協約 ……………………………… 214
労働組合（labor union）…………… 211
労働組合の組織率 …………………… 213
労働組合法 …………………………… 214
労働コスト削減型 …………………… 84
労働三権 ……………………………… 214
労働条件 ……………………………… 176
労働分配率 …………………………… 188
ロッチデール公正開拓者組合 ……… 20

著 者 紹 介

丹野　勲（たんの・いさお）

筑波大学大学院社会工学研究科経営工学専攻博士課程単位取得満期退学
博士（経営学）

（専　門）
国際経営，経営学，歴史比較制度，国際比較経営，アジア・太平洋地域研究

1987年筑波大学社会工学系準研究員
1989年神奈川大学経営学部専任講師
1991年神奈川大学経営学部助教授
1997年神奈川大学経営学部教授
経営行動研究学会常任理事，経営関連学会評議会評議員

（主要著書）
『国際比較経営論―アジア太平洋地域の経営風土と環境』（同文舘出版，1994年）
『概説ベトナム経済―アジアの新しい投資フロンティア』（編訳，有斐閣，1995年）
『異文化経営とオーストラリア』（中央経済社，1999年）
『ベトナム現地化の国際経営比較―日系・欧米系・現地企業の人的資源管理，戦略を中心として』（原田仁文氏と共著，文眞堂，2005年）
『アジア太平洋の国際経営―国際比較経営からのアプローチ』（同文舘出版，2005年）
『アジアフロンティア地域の制度と国際経営―CLMVT（カンボジア，ラオス，ミャンマー，ベトナム，タイ）と中国の制度と経営環境』（文眞堂，2010年）
『日本的労働制度の歴史と戦略―江戸時代の奉公人制度から現代までの日本的雇用慣行』（泉文堂，2012年）
『日本企業の東南アジア進出のルーツと戦略―戦前期南洋での国際経営と日本人移民の歴史』（同文舘出版，2017年）
『新時代の経営マネジメント』（共著，創成社，2018年）
『戦前の南洋日本人移民の歴史―豪州，南洋群島，ニューギニア』（御茶の水書房，2018年）
『日本の国際経営の歴史と将来―アジアとの交易・投資の通史と国際交流―』（創成社，2021年）
『国際・歴史比較経営と企業論―モダン・情報化・グローバル化・SDGsと経営行動』（泉文堂，2021年）
『データサイエンスと経営学―研究方法，データ分析，フィールドワーク』（中山健氏と共著，御茶の水書房，2024年）

企業のグローバル化と国際比較経営
－国際ビジネス入門－

2025年3月31日　初版第1刷発行

著　者	丹野　勲	
発行者	大坪　克行	
発行所	株式会社　泉　文　堂	

〒161-0033　東京都新宿区下落合1-2-16
電話 03-3951-9610　FAX 03-3951-6830

印刷所	光栄印刷株式会社
製本所	牧製本印刷株式会社

本書の無断複製は著作権法上での例外を除き禁じられています。複製される場合は、そのつど事前に、出版者著作権管理機構（電話 03-5244-5088，FAX 03-5244-5089, e-mail : info@jcopy.or.jp）の許諾を得てください。

JCOPY ＜出版者著作権管理機構 委託出版物＞

Ⓒ 丹野　勲　2025　　　　　Printed in Japan（検印省略）

ISBN 978-4-7930-0477-3　C3034

古典と歴史 1

創刊の辞 ……………………………………（一）

豊受大神宮の鎮座とその伝承 …… 荊木　美行（三）

橘奈良麻呂の変と多治比氏 ……… 西山　祐実（五〇）

「古典と歴史」の会

燃焼社

「古典と歴史」の会　会規

一、本会は、「古典と歴史」の会と称し、古典の研究、古典を通じての歴史研究を目的とする。

二、会の事業として、『古典と歴史』の発行及び講演会・研究例会その他を行う。

三、本会は、会の趣旨に賛同する正会員と学生会員とにより組織される。

四、投稿は会員に限る。ただし、会員の推薦がある場合はこの限りではない。

五、投稿された原稿の採否は、審査委員の査読を経て、編集委員会で最終的に決定する。

六、投稿された原稿は、適宜、論文・研究ノート・史料紹介・学界動向・書評・新刊紹介などに分類・排列して掲載する。枚数制限はとくに設けないが、長文にわたるものについては、紙面の都合で複数回に分載する場合がある。

七、原稿は、『古典と歴史』編集委員会において最低限の統一を施すが、章節の分けかた、注のスタイルはおおむね執筆者の判断に委ねる。なお、掲載を前提として、編集委員会が執筆者に対し、部分的な修正をもとめることがある。

八、原稿は電子媒体の形式で提出することが望ましいが、手書き原稿も受理する。

九、執筆者には掲載誌一〇部を進呈するが、経費の関係で抜刷は製作しない。

十、掲載原稿については、掲載後一年間は他誌や自著への転載は見合わせていただく。

十一、本誌は不定期刊行ゆえ、原稿の締め切りはとくに設けず、原稿が整い次第、次号の編集にかかる。